表面利回り60%超の実績続出

すでに全国で162店舗が実践！

トランクルーム経営の成功戦略

他者に頼らず
自力で開業！

一級建築士/宅地建物取引士
竹末治生

カクワークス社

はじめに

数ある書籍の中から本書を手に取って頂き、誠にありがとうございます。本書では竹末が19年間という歳月をかけて運営を行った経験から、どのようにすれば利益をしっかり出せるトランクルーム店舗を手に入れられるのか、立ち上げから運営するまでの戦略ノウハウをまとめ、詳しく解説しています。

ところで、今あなたは、

●退職後の老後の年金生活に少しでもよいから補填できるような収入が欲しい…

●コロナやリーマンショックのような不況でも、安定した収益を得られるようにしたい…

●サラリーマンだが、高利回りの不動産投資で、堅実な副収入を得られるようにしたい…

●賃貸経営以外の不動産投資の収益源として「別の収益の柱」を複数作りたい…

●テナントが長期1年も空室で家賃が入らず、ビル経営が赤信号になっている…

●アパートやマンション経営はもう時代遅れ。他に利回りの高い不動産投資はないか？

●土地を所有すると、固定資産税や管理にお金や労力がかかる。何か良い方法はないか？

●現在の事業が安定しているうちに、今から第二のビジネスを起こしておきたい・・・
●資金はあるが、株や投資信託、ＦＸはリスクが高い。何か良い安全な投資先はないか？
●不動産投資をやりたいが、なかなか良い物件に巡り合えない…
●本業の利益が出ているので、年内に手っ取り早く節税対策を図りたい・・・

これらに共通するのは、「お金に関する悩み、不安」ですが、この中でどれか一つでも思いあたる節はありますか？

もし何かを感じる部分があったとすれば、本書を隅から隅まで読んで、学んで頂きたいと考えています。そして、学んだことが実現できたなら、あなたが抱いている人生の悩みや不安がすべて解決できるかもしれません。

それにしても、これらのお金の問題が、なぜ起きてしまうのでしょうか？

その原因の一つとして、日本では１９９０年代初頭バブル崩壊以来、30年間もの長い間デフレが続いてきたことが考えられます。この期間、物価は安定していましたが、労働者の賃金は据え置かれ、現金の貨幣価値も、銀行に預けていても下がることはありませんでした。これは、物を買うときには安く購入できるというメリットがある反面、多くの企業においては賃金を上げづらいという問題が付いて回ります。その結果、国民の意識は低成長時代の現状に慣れてしまいました。

しかし、先の異変（ウクライナ戦争）によるコストプッシュ型の価格上昇が噴き出すと、全世界に一気に飛び火し、急激な物価高騰が始まりました。30年間のデフレから抜け出し、インフレが加速的に起こり始めると、社会のすべてが循環不能となります。物価が上昇すれば国民の生活が成り立たなくなりますので、就労者の賃金も物価に合わせてアップしなければなりません。政府は大企業に対して労働者の賃金アップを要請しますが、２０２４年の実質賃金はいまだマイナスの状況で、欧米並みの賃金には遠く及びません。団塊世代以降の次世代、新世代のほとんどの日本人は、インフレ社会は初めての経験であり、人口減少や高齢化による将来の公的年金不安や危機感もあり、このような危機的な状況に戸惑っているのが現実なのです。

暗澹とした社会情勢の中で、将来私たちは経済的自由を得るため、自己の経済的自立を目指さなくてはいけません。株や債券などの金融投資も否定はしませんが、お金の運用を長期・分散・積み立てで考えると、あなたの人生設計で長い時間を要します。それに株価は変動があるので元本は保証されず、毀損するリスクもあります。あなたはそんな不確実な将来に身を任せることができるでしょうか？

しかしながら、トランクルームのような不動産を活用した資産運用であれば、企画、出店、運用という工程を経て、短くても2～3年程度で結果が出、比較的短期間で徐々に経済効果が顕れてきます。そして、5年、10年と長期間やればやるほど、堅実で安定した経営が享受できます。トランクルーム経営は、私が主催するスクールでビジネスの知識やノウハウ、スキルを習得すれば、そんなにハードルは高くありません。本書では、あなたがこれまで聞いたことが無いようなトランクルーム事例をご紹介していきますので、読み進めて頂ければ、そのすごさに驚くことかと思います。本書を執筆しているタイミングでも生徒さんの新しいトランクルーム店舗が1店、2店と全国でオープンしています。常にトランクルーム経営事例が蓄積しており、それらを順次ご報告しますので、楽しみにお待ちください。

一級建築士　竹末治生

※本書は、**トランクルーム経営を他者に依存せずに自分の力でチャレンジしてみようという方のために書き記したもので、FC（フランチャイズ）をお勧めするものではありません。**※本書のエピソードはすべて実話です。ただし、人物が特定されないように配慮し、名前はすべて仮名です。また、肩書や属性等も変えている箇所がありますので、ご容赦ください。※本書は情報提供を目的としており、個別の投資における正確性や信頼性を保証するものではありません。情報を利用して何らかの損害が発生した場合でも、著者及び出版社はいかなる責任も負いません。投資活動はすべて自己の責任においてお願いいたします。

【目次】

第1章 そもそも、トランクルームって何？

第2章 なぜ、竹末はトランクルームビジネスを始めたのか？

第3章 トランクルームビジネスの魅力とは？

第4章 この方法で全国160を超える店舗がオープンした！

第5章 トランクルーム経営を実践された方の成功実例

第6章 これだけは知っておきたいトランクルームQ&A 20選

第7章 トランクルーム経営スクールについて

無料プレゼント

TRUNK ROOM BUSINESS

第1章

そもそも、トランクルームって何？

トランクルームとは?

　そもそも、皆さんが耳にしたことがあるトランクルームってどんなものなのでしょうか?　あれこれ説明するよりも、左頁の写真をご覧頂くとイメージが湧きやすいのではないかと思います。

　これらの写真をご覧になって、「あ、これは見たことがある!」と思われた方もいらっしゃるでしょう。コンテナを改造して物置を作ってある郊外型店舗や、建物の中に区切られたスペースがある屋内型店舗などが一般的ですが、共通しているのは、このような店舗を作り、区切った物置スペースを貸し出して毎月の家賃を得る、それがトランクルームなのです。

　でも、「そんな、物を置くだけのスペースをわざわざお金を払って借りる人なんてそんなにいるのかな・・・?」と感じた方もいらっしゃるかもしれません。しかし、詳しく調べると、次のような用途としてトランクルームを利用されているのがわかります。

◆夏になると…冬物の服（コート・オーバー）・冬布団・ストーブ・コタツ・スキーセット・スノーボード・冬用タイヤ・キャリア・カー用品。

◆冬になると…夏物の服・夏布団・キャンプ用品・ゴルフバッグ・アウトドア用品・スポーツ用品・扇風機・タイヤ。

◆1年に数回しか使わないモノ…旅行かばん・スーツケース・雛人形・五月人形・クリスマス用品。

屋外型コンテナボックス

屋内型トランクルーム

屋内型トランクルーム室内

◆日頃不要でも捨てたくないモノ…ベビーカー・チャイルドシート・玩具・人形・家具・本・電化製品・コレクション・贈答品・記念品・思い出の品・遺品・趣味の作品。
◆会社の倉庫として…什器・備品・書類・カルテ・事務機器・道具・工具資材・在庫商品・棚卸商品・サンプル商品・長期保管書類・催事品・販促ツール・伝票・手狭になったオフィス内の書類。

このように、トランクルームを利用する人たちは、様々な使い方をされています。他にも皆さんがあっと驚くような使い方をされている利用者も過去におられました（経営秘話として後述します）。

この「トランクルーム」という語彙。実は、本来の意味は…、「トランクルームとは倉庫業法により国土交通大臣の登録を受けた倉庫事業者が、消費者の家財・美術品等を一定期間預かり、保管管理を行うための施設で、業務体制が優良である旨の認定を受けた倉庫」です。

ちょっとお堅いイメージになりましたが、このように本来は国土交通省の許可を取ってやる事業です。ただ実際は、私たちが収納スペースを貸し出すビジネスとしてやろうとしている生業も、いつの間にか同じ「トランクルーム」という言い方をされるようになり、その意味でのトランクルームという呼び名が社会に定着したようです。本書ではそのことを前提に話を進めていきます。

それでは、まだトランクルームというサービスを知らない人がおられるかもしれませんので、簡単にご説明しましょう。トランクルームは、収納不足で悩んでいる主婦や企業に対して、家や会社のあふれたモノを解決するための新たなヒントを提案するものですが、収納スペースを借りることによって、住まいやオフィスの広さを確保し、家賃の負担も少なくすることができます。また、時間に拘束されずに自由に出し入れでき、ご自宅の「納戸」感覚でお安く、気軽にご利用頂けるのもトランクルームのメリットです。

一方、私が本書でお勧めするのは、**トランクルームをやる側として経営者の立場になり、自分で店舗を立ち上げましょう、**ということです。トランクルームはモノを置くスペースを貸すことによって対価を得るビジネスです。他方、皆さんが知っている「レジデンス賃貸、いわゆるアパート・マンション（アパ・マン）」というビジネスがあります。**スペースや部屋に入るのがアパ・マンの場合は「人」ですが、トランクルームの場合は「モノ」であること。**これがアパ・マンとトランクルームとの大きな違いです。

そして、このトランクルームビジネスをさらに深堀りすれば、**所有する不動産を活用するか、所有していない人は安い賃料でスペースを仕入れ、高付加価値化した収納スペースを提案し、相対的に高い賃料で貸し出すもの（転貸借）であり、その差額によって利益を得る商売**ということになります。

レンタル収納ビジネスの分類と類似ビジネス

トランクルームビジネス市場とは、自宅やオフィス以外に、お金をもらってモノを預かる（保管スペースを賃貸する）収納ビジネス市場のことです。

トランクルームには世の中で様々な種類の形態がありますが、大きく分類すると以下の

レンタル収納ビジネスの分類

名称	トランクルーム	レンタル 収納スペース	貸しコンテナ
契約形態	寄託契約	賃貸契約	賃貸契約
売り上げ	物品の預かり量	スペースに応じた 賃貸収入	スペースに応じた 賃貸収入
参入制限	倉庫業法に基づく国 交省の許認可が必要	特になし	特になし
保管物の 出し入れ	業者の立ち合いが 必要	自由	自由
利用時間	倉庫の営業時間内	原則自由	原則自由
補償義務	あり	なし	なし
利用料金	比較的高い	比較的安い（面積や 管理状況による）	比較的安い

3つになります。倉庫事業者が展開している「トランクルーム」と、不動産事業者などが展開している「レンタル収納スペース」ないし「貸しコンテナ」。なお、本書では屋内型のレンタル収納スペースを中心に取り上げています。

トランクルームと似たような事例としてマンスリー・ウィークリーマンションというサービスを聞いたことがあるかと思います。マンスリー・ウィークリーマンションは、アパ・マンのように住まいとして長期で借りるものではなく、比較的短中期で借りるホテル形式の滞在型住居です。賃貸物件の1DKや2DK、3DKを所有している大家さんから安い賃料で住居を借り、TVやベッド、冷蔵庫、洗濯機、細かなもので鍋や茶わん、箸を備え付け、高付加価値化して高い賃料で週単位、月単位で貸し出します。

また、コインパーキングも地主さんから駐車スペースを1台分いくらかで借り、コインパーキング設備機械を設置し、ドライバーに短時間単位で貸す商売です。他にも、郊外などでよく見かける貸しコンテナ（いわゆるトランクルームの一形態）も、地主さんから坪〇〇円で土地を借り、その土地の上にコンテナBOXをポンポンと置いてスペースを月単位で貸します。

そしてもちろん、これから本書で頻繁に出てくる屋内型のトランクルームも、**工場や倉庫、事務所、店舗などのテナントスペースを大家さんから安く借りて、部屋の内部をパーティションで細かく仕切り、小規模な部屋として個人や企業に貸し出すサービスです。**

このように自分で不動産を持たないでも、他人からスペースや土地を借り、それを**「又貸し」**という手法を使ってお金を稼いでいるのです。表現は悪いですが、他人の褌《ふんどし》で相撲を取っているような商売なのです。とはいえ、**古くなった既存のスペースや使われていない土地を借り、それを工夫改善して付加価値を与えることで成長市場で売り直す「再生事業」**とも言えるのではないでしょうか？

日本全国どこにでもある収納ニーズ

トランクルームは、人口の集積している都会や大都市のみにニーズがあると思い込んでいる方も多いのではないかと思います。もちろん、人のまったくいない田舎や人気のない山林の中などでは、そのような需要は見込めません。また、人口密度の高い都市部のほうが高いニーズがあるということも否めません。

しかし、私がこの19年間自らトランクルームを運営し、また13年間にわたり全国のたくさんの生徒さんのオープン事例を研究していると、人口密度の高い場所や企業が集積している立地以外でも十分ニーズがあり、需要が見込めることがわかりました。これは、アパ・マン、戸建てなどの住居系賃貸物件にも言えることです。住居系賃貸は、人口数万人程度の街で立地が少々悪くても、適正の家賃かつ住環境インフラがある程度整っていればどんな場所でも必ずニーズがあります。

同様に、トランクルームにおいても全国どこであっても確かなニーズがあります。トランクルームは住まうことの延長であり、生活の延長上のサービスです。モノの保管などの一時的なサービスであり、生活行動様式の一部なのです。車社会を前提に考えれば、車で5分、10分かかろうとも、また、距離で3～5㎞程度なら、利用者にとって多少遠距離にあってもまったく問題がないし抵抗がありません。不便ではないと感じるのでしょう。少々立地や場所が悪かろうと、人口の少ない立地であろうと、確実に利用する人がいてニーズが底堅くあるということが、少しずつわかるようになってきました。収納で困っている人が全国にたくさん存在する、ということが断言できると思います。

レジデンス系賃貸（アパート・マンション）との比較

トランクルームとよく比較される投資としてレジデンス系賃貸（アパート・マンショ

ン）があります。このアパ・マンについて私自身も20年以上所有していますが、私見を述べたいと思います。

アパ・マンでは建築物の大規模修繕工事として外壁や屋上防水などを15～20年に1回は行う必要がありますが、それに掛かる工事費は甚大です。大規模修繕は、工事費用が大きいために、建築主にとっては経済的な負担が大変大きいです。たとえば、レジデンス賃貸のビルを所有し、経営していると、家賃収入からローンや電気代等管理費その他の経費を差し引いて残るキャッシュフロー、いわゆる預金通帳に残る数字ですが、15年間かけ貯めたお金から支払いをすると、一生懸命積み重ねたキャッシュの相当な部分がごっそり消えていくのが現実です。また大規模修繕だけでなく、老朽化した建物の原状回復や修繕費用も馬鹿になりません。長期間、賃貸投資物件を維持していくと設備の老朽化やその他の修繕費など出費ばかりで手元にまったくお金が残らない状況が生み出されます。

大規模修繕工事だと計画的に予想はできますが、原状回復やちまちまとした修繕工事は不規則に出ていくお金なので予測ができません。しかも、突発的に起こることなので数字の多寡も予想しにくいです。ほとんどの投資家は、このことを頭の中に入れていないことが多く、真剣に考えていないようですが、これがアパ・マンなどレジデンス賃貸の、最大かつ致命的な欠点なのです。

しかし、私がお勧めしているトランクルーム経営は、テナントを借りているという理由もありますが、このような大規模修繕、原状回復、修繕等のコストが一切かかりません。20年近くやっていますが、まったく皆無です。コストが発生しないということは預金口座の残額が減らないということです。毎月出ていく経費（出費）は家賃、電気代、電話代、インターネット広告費のみで安定していますので、着実にキャッシュが増えていくばかりで減ることが無いのです。このことはトランクルームの最大のメリットではないかと私は考えています。

アパ・マン不動産投資は融資が厳しい時代に！初心者にはハードルが高い？

アパ・マン不動産投資は高額なので、物件を購入するときにすべてを自己資金で賄うのは現実的に不可能です。そのため、資金をどこかで借りなければならないのですが、2018年かぼちゃの馬車事件、ス○ガ銀行の不正融資以来金融庁からの引き締めがあって、金融機関の不動産投資への融資が大変厳しくなっています。

不動産投資は株や投資信託など比較的少額からできるペーパー投資と違い、土地や建物などの不動産を取得する「実物投資」ですから、必然的に大きなお金を動かさなければなりません。大きなお金を動かすことができないと、ビギナー投資はもちろん、将来的な複数物件への投資拡大も不可能です。仮に、運よく融資が可能になったとしても昔のように全額ローンという条件は厳しいでしょう。金融機関から資金の一部として自己資金を出すことを要求され、最低2~3割程度の資金を用意する必要があります。

もし、そんな自己資金があるなら、アパ・マンのような土地や不動産に投資しないで、私が提案するトランクルーム経営に投資したらどうでしょうか？　安全で堅実で確実、しかも利回りもアパ・マン賃貸などと比較したら比べものにならない高い利回りです。投資コストは1000万以内の少額でできます。たとえば、私がやっているトランクルーム投資は最低300~500万ぐらいから可能です。地域にもよりますが、表面の利回りは、最低60％から80％、高いもので１００％のケースもあります。

単純に資金があったとして、不動産投資に３０００万投資したとしたら、実質利回りのキャッシュフローが３％だとしても、たったの90万です（不動産投資でこんな小さい投資は現実的ではないですが…）。しかし、その３０００万の資金をトランクルームという隙間型不動産投資に投入したら、実質キャッシュフローが仮に30％だったとしても９００万です。90万と９００万とどちらがいいですか？　明々白々です。

多少の特殊なノウハウが必要ですが、アパ・マン賃貸のような複雑な知識、たとえば税金や不動産、建築、リフォーム、融資などについてのより深い学習知識は必要としません。短期で知識を習得できますので、やる気さえあれば（ここが重要）これらの投資は1年以内の短期で始められます。一物件の上がりが少ないと思うなら、不動産投資のように複数所有し、事業規模を拡大することも難しくはありません。

実際に、私のスクールで6か月間の履修を終えた生徒さんのほとんどは、一物件を成し遂げた後、早急に次の物件へ取り掛かります。５店舗以上経営している方がすでに９名おられます。投資の仕組みが単純で簡単なので、投資拡大ができるわけです。

何度も申しますが、やる気と根気さえあればいくらでも増やすことができます。そろそろ、「発想の転換」を図り、既存の儲からない不動産投資から脱皮しませんか?

日本のトランクルーム市場とアメリカのセルフストレージ市場

トランクルームの大手キュラーズによれば、日本国内のトランクルーム市場は家賃高騰と居住面積の狭小化を背景として、2023年度が前年比2・6%増の770億円となり、15年連続で拡大しました。トランクルームの数は1万3691店舗、トランクルームの延べ室数は過去最高の58万8905室となり、市場は10年で約2倍に成長。全国の延べ部屋数の約4割は東京23区に集中しています。

2023年6月1日現在における全国の世帯総数は5445万2000世帯ですが、室

拡大を続けるトランクルーム市場

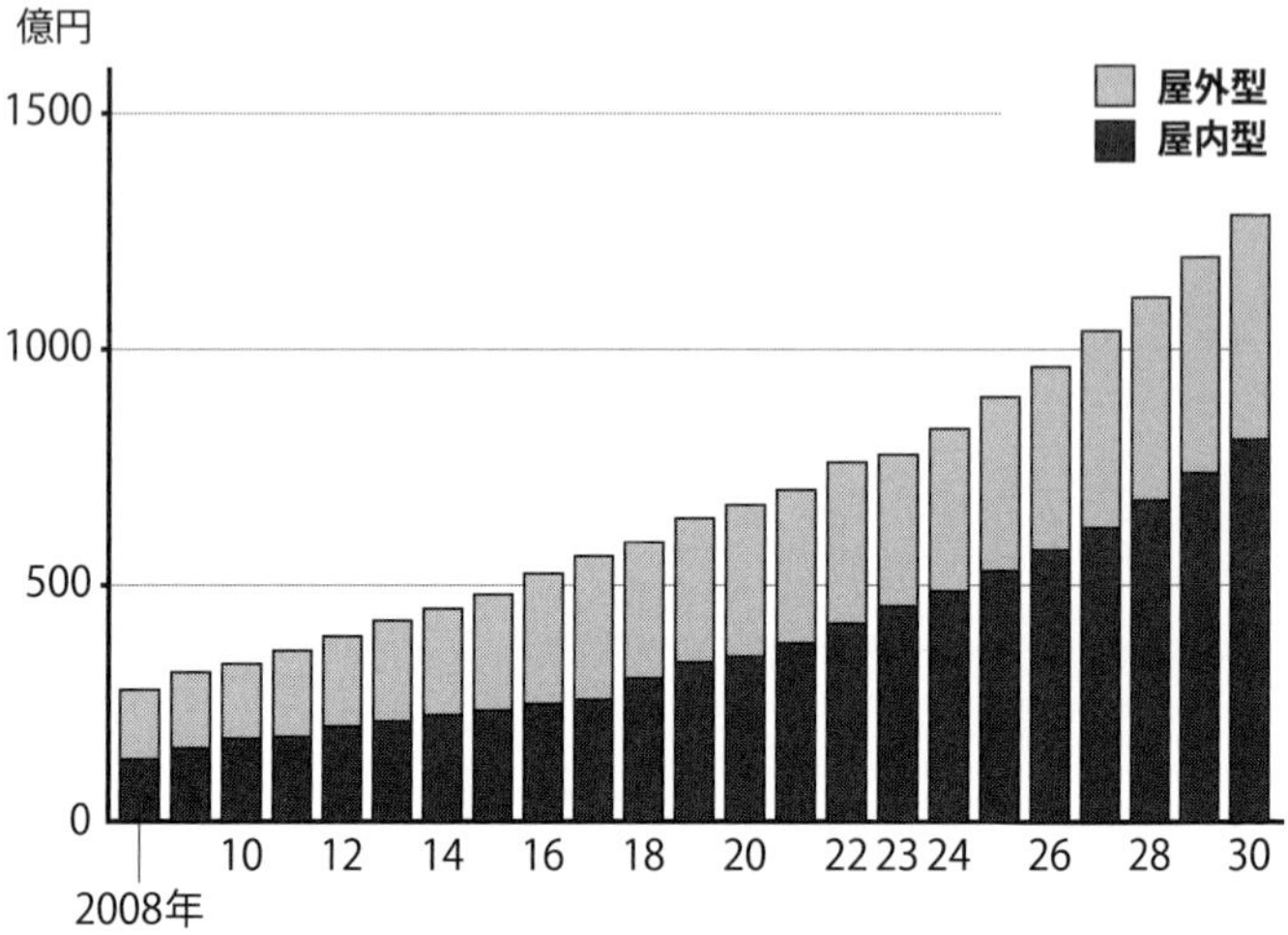

（出所）キュラーズ、24年以降は予測

数58万8905室との対比では、その1・08%が利用している計算になります。今後の予想として、2027年には1000億円を超える市場に成長する可能性があり、市場拡大は続くとみられています。

米国ではレンタル収納スペース、トランクルームのことを「**セルフストレージ**」と呼んでおり、その歴史は新しいものではありません。すでに50年以上前からこのビジネスは始まっています。そして、米国のあるウェブサイトにはこのようなことが書かれていました。

「人々が高い賃料でも自分の貸

し倉庫を維持し続ける理由に『一度契約してしまうと解約するのも場所を移すのも面倒』というものがあります。倉庫の中のモノをどこかに動かすにも大きな手間とお金がかかるため、倉庫のオーナーが値上げを決めたとしても、別の倉庫を探す気にはならないのです。また、一度契約すると、毎月支払っている固定賃料にあまり注意を払わなくなるのも一因です」。的を射た意見で同感です。

実際に、現在のセルフストレージ市場はどうなっているのでしょうか？　米国のポータルサイト「The SpareFoot Storage Beat」から数字を拾ってみました。

総市場規模は４４３億ドル（６兆６４５０億円）※１ドル１５０円換算

ストレージ施設　５万２３０１店

ストレージ部屋数　約１４６０万室

ストレージユニットを借りている世帯の割合11・１％

ストレージユニットの平均月額費用（２０２４年7月現在）　月額85・30ドル（１万２７９５円）平均稼働率85・29％

２０２３年の米国の世帯総数は１億３１４３万世帯で、現在11・１％の世帯がセルフストレージ施設を借りています（SSA需要調査2023）。また、セルフストレージスペースを運営する大企業と中堅企業の所有率はあわせて59・8％で、残りの40・2％は小規模な事業者によって管理されており、その多くは家族経営の企業です（セルフストレージ年鑑、2024年）。

前出の日本のトランクルーム市場と比べ若干データに不整合なところがありますが、日本の普及率1・08％に対して米国11・1％と約10倍以上の開きがあります。また、米国と同じように、**日本でも私たちのように家族経営の零細企業が多く運営しています。**零細のオーナーにとっても与《くみ》し易いビジネスであるということが言えるのではないでしょうか？　米国のセルフストレージ市場を分析すれば、日本のトランクルーム市場が今後成長していくのは間違いない、という確信がご理解できたと思います。今からスタートしてこの成長産業に参入してみませんか？

フロー型ビジネスとストック型ビジネス

世の中のすべての商売は、大きく分けると「フロー型ビジネス」と「ストック型ビジネス」に分かれます。どちらかといえば、ほとんどのビジネスがフロー型。たとえば、私が以前いた業界ですが、建築請負業のゼネコンや工務店、また、リフォーム会社もこのフロー型ビジネスに入ります。フロー型というのは、一発勝負でその後の継続が見込まれません。今期はソコソコいったが、来期はまったく見込みが立たない、なんてこともあるわけです。リフォームのようにリピートがあればまだ救われますが、それ以外の建設会社は、永遠に仕事の心配をしていなければなりません。これがフロー型ビジネスの大きな欠点なのです。

一方、毎月定額的に売上が入ってくるストック型ビジネスを持っていれば、額の多寡はありますが、0ということはありません。確実に得られる売上は、これほど安心で安定的なものはないと思います。

高齢者が受給している公的年金を考えてみてください。あなたが高齢に突入し介護が必要になり、病気になって病院に入院し、身体が動けない状況になったとしても、あなたの口座には年金が確実に入金されます。労無くしていやでも入ってくる（これが本当の不労収入というものなのですね）。巷ではアパート経営や株の配当などが不労収入と言われますが、大きなリスクがありますので不労収入とは言えません。フロー型は短期的な狩猟型、ストック型は長期的な農耕型でもあると言えるかもしれません。ストック型は農耕型ですから長い時間と労力を要しますが、ひとたび回転し始めたらこれほど継続して安定した商売はありません。

また、ストック型はバタバタと慌てることもないので、それがもたらす経済的ないし精神的な余裕ができれば、きっと、あなたの本業もさらに良くなるはずです。私は、スクールがスタートしてからの過去13年間、トランクルーム経営のおかげで、余裕をもって本業を継続している生徒さんをたくさん見てきました。皆さん、フロー型よりストック型のほうに妙味があることに、すでに気付かれているのではないでしょうか。本書で解説しているトランクルーム経営こそ、まさにストック型ビジネスを代表する商売です。

さて、あなただったらフロー型を選びますか、それとも、ストック型を選びますか？

フロー型とストック型のメリット・デメリット

	フロー型	ストック型
メリット	■利用者さえ集まれば比較的すぐに収益化につながりやすい。 ■外的要因によって大きな収益を上げられる可能性がある。また、外的要因の変化にも柔軟に対応しやすい。 ■継続顧客が増えれば収益も安定する。	■一度購入・契約されると継続的に売上が上がるため、安定的な収益が見込める。 ■フロー型のビジネスのように、顧客獲得のための営業活動に追われることがない。 ■外的要因・トレンドの影響を受けにくい。
デメリット	■常に利用者を獲得しなければ、収益が安定しづらい。 ■常に集客強化のための営業展開や、継続して購入してもらうためのアプローチが必要。 ■外的要因に対応するため、常にスキルや知識の研鑽が必要。	■ビジネス開始にあたりその仕組みやインフラ作りなどの準備にお金がかかる。 ■初期投資・初期費用を回収して利益を出すまでに時間がかかる。 ■外的要因・トレンドによりビジネスが陳腐化するリスクがある。

粗利益率の高いビジネスを選べ

私が従事していた建設業にしても製造業にしても、売上から原価や経費を引くと、残る利益（粗利益）は信じられないぐらい低いです。そこから営業経費や会社を維持運営するための管理費や人件費などを引くと、残る利益（営業利益率）はさらに低くなります。こんな利益率の低さでは、政府が推し進める労働者の人件費の値上げなど、とても達成できないのではないかと思います。携わっている本人たちからすれば、長年この業界で飯を食っているため「これが当り前の仕事なんだ」と疑問意識も持たないでやっているのではないかと推察します。また、自分たちの業界以外の他の業界を調べたことが無いなのではないかと思います。

たとえば、こんな企業が存在します。キーエンスという企業はご存知でしょうか？ キーエンスは大阪に本社があるファクトリー・オートメーションの総合メーカーです。「今までの世の中になかった、新しい価値を創造することに挑み、商品を通じてお客様の課題を解決する」というコンセプトのもと、付加価値の高い産業機器などを開発しています。どちらかといえば、この企業は製造業の部類です。ですが、この企業の商品は粗利益率82・1％、本業の儲けを示す営業利益率はなんと53・4％なのです。考えられないぐらいの利益率です！　これは特異な事例なのですが、こんな企業もあるということを覚えていて欲しいと思います。

また、私が2006年から運営しているトランクルームですが、不動産を購入しているわけではありません。市場に出回っている賃貸テナントを安く借り、一般ユーザーにトランクルームとして高く貸し出しています。メインとなるテナント賃料や電気代、広告費などすべての経費を引いた残りの粗利率は毎年60％を軽く超えています。トランクルームの総家賃のキャッシュフローが、不動産を購入していないにもかかわらず60％以上あり、その気になればトランク家賃を値上げして70％近くにすることも可能です。レジデンス系の不動産投資の粗利率は総家賃売上の20～30％程度と言われていますが、それよりはるかに大きなキャッシュフロー割合です。

ここで私が何を言いたいかわかりますか？　どうせ不動産の投資をやるならアパ・マン

賃貸のような粗利益率の低いビジネスではなく、**粗利益率の高いビジネスを選べ**ということなのです。あるいは、もし自分のビジネスの粗利益率が低いなら、キーエンスの戦略のように、お客様の問題点を解決するための新しい付加価値を付け、高く売って粗利益率を上げることを考えろ、ということなのです。

モノを高く売ることに抵抗がある方もおられるでしょう。日本人は利益率の高い企業を「儲け過ぎ」などと、妬み半分やっかみ半分で批判するきらいがあります。しかし、安値合戦に参入し疲弊しているあなたは、そんなことを気に掛ける必要はありませんし、その批判は稼げない人たちの言い訳にしかすぎません。利益率が高い商品でも顧客の満足度が高ければ、堂々と胸を張って商品を売ればいいのです。このことは、「既知の慣習にとらわれず、発想を変えてものごとを見ていく必要がある」という良い事例だと思います。

あなたは、これからは、粗利益率の高いビジネスを選ぶべきです。

トランクルーム経営はキャピタルゲインではなくインカムゲイン

不動産投資の目的はインカムゲインではなくキャピタルゲインを得ることだと考えている人が多いようです。トランクルーム経営もそのような目的でやられる人も多いように見受けられます。先日、生徒さんの中でキャピタルゲインを得ようという意識を持っている人がおられました。

しかし残念ですが、私の考えているトランクルームビジネスは、株投資のように売却して利ザヤを得るキャピタルゲイン目的にやるものではなく、10年、20年と毎月安定的な家賃を得ることが目的で、インカムゲインが大きな目標です。

キャピタルで少しぐらい儲けが出たからといっても、インカムで10年以上継続してあがる収益と比較するなら、遥かにインカムのほうが大きいのではないかと思います。

実際に、私が運営するたった4店のトランクルームの収益はこの19年間で何億と積み重なっています。トランクルームをうまく回転させることができれば、長年の間にこれだけの利益を産み出すのです。

要は、「短期的な目先の儲け」に心を奪われていることがいかに浅薄なことであるかということを、今一度熟考して欲しいです。**キャピタルを重視するあまり「ちっぽけな儲け」のために、結果的には大きな利益を逃すことにはなりませんか？**

他の不動産投資との比較

最近は不動産市場が過熱気味のため、従来のアパ・マン投資以外の不動産投資手法が注目されています。そのうちの一つがトランクルーム経営です。他にも考えられる投資手法の是非を、冷静かつ客観的に比較検討してみました。それがこの「他不動産投資との比較表」です。あくまで私独自の価値観や判断力に依る評価ですが参考にしてみてください。

総体的にみて、アパ・マン賃貸系の不動産投資はすべての項目で劣りますが、コインパ

他の不動産投資との比較表

	不動産投資(アパ・マン系)	コインパーキング投資	コインランドリー投資	屋内型トランクルーム投資	コンテナ投資
利回り	×	◎	○	◎	○
売却（出口）	△	×	×	○	○
投資コスト	大	小	中	小	小中
ランニングコスト	大	小	大	小	小
税金（節税）	小	中	中	中	中
成長性	×	△	◎	◎	◎
投資リスク	大	小	中	小	小

ーキング投資や屋内型のトランクルームは、逆にすべての面で優れていると思われます。アパ・マン以外でも、少しだけ視点を変えれば、不動産を有効活用した、利回りが高く、効率の良い隙間ビジネスは探せば幾つかありますので、それらのビジネスモデルも研究してみる必要があると思います。

トランクルーム経営は物件を持っていなくてもできる

私のトランクルームビジネス講座を受けたいと思っている方からの質問で、一番多いのがこの質問です。

Q　物件を持っていなくてはダメでしょうか？

まったく問題はありません。私自身も物件は持っていませんし、すべての店舗を借り物で経営しています。これから店舗を増やす場合も、不動産など購入せずに借り物で増やすつもりです。空室になっているテナントや貸地は日本国中、たくさん転がっています。すでに所有している人は別としても、なにも大枚をはたいて物件を購入し、所有する必要はありません。身軽のほうがリスクも低いです。このビジネスは家主から安い賃料でテナントを借り、転貸借（又貸し）するのが基本的なスタイルです。不動産の所有にこだわる必要はありませんし、条件の良いテナント物件を借りて満室にすればかなり儲かります。

トランクルームビジネスは地域密着ビジネス

トランクルーム経営は地域密着型ビジネスです。地域密着ビジネスとはどんなことを言うのでしょう。地域でやるということは、全国を相手にするような商売ではありません。**地域に根を下ろして何らかの店舗や事務所を構え、お客様が徒歩や自転車、バス、電車や車を使って来てもらえる範囲内で賄う商売なのです。**

具体的に言えば、自分のお店や事務所から半径500mとか半径1～2㎞内のお客様を相手にする商売です。コンビニや内科、歯科、飲食店、喫茶店、花屋、スーパーや郵便局などもそうですね。こういうことがわかったら、必然的にお客様がどこにいて、どこからお店に来てくれるのかがわかります。お店の存在を知ってもらえさえすれば、お客様は自然とあなたのお店に足を運んでくれるでしょう。

お客様を連れてくる方法として考えられることは、チラシ、ポスター、看板、ミニコミ誌、タウン誌、タウンページ、新聞広告、電柱看板、ウェブサイトなどの広告媒体の利用です。こうやって、あなたのトランクルーム店舗を可能な限りあらゆる方法で知ってもらわなければなりません。

このように、お客様を集めることを「集客」といいます。お客様が来店し、商品を買ってもらって対価を頂き、商売が回転しはじめることで、お店や経営が成り立っていくのです。

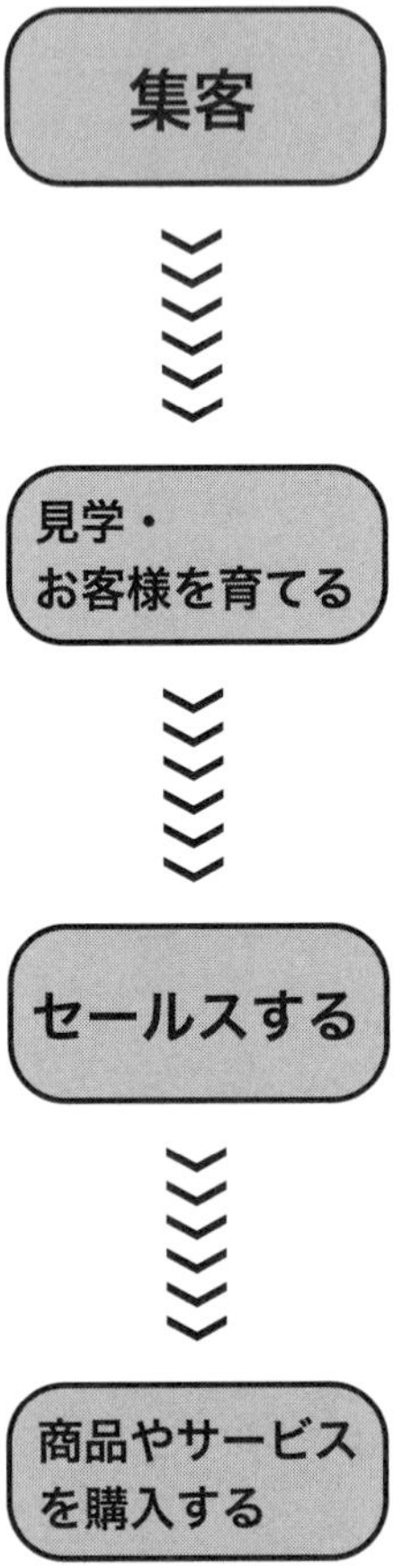

お客様もお店もハッピーになって街が活性化し、ますます便利の良い街になっていき、地域の人が楽しい生活を送るようになります。トランクルーム経営は地域密着ビジネスであるということを、常に頭に入れて経営しなければいけません。

トランクルーム経営は誰でもできる大家業

私が東京へ出張していても、トランクルームが勝手に埋まっていくんですね。ありがたいことです。私のカミさんが、問い合わせの応対、内覧、契約と、ほとんどすべての業務をこなしてくれています。もちろん月々のアルバイト料は支払っています。

少し慣れれば、誰だってできるのがトランクルーム経営です。私がやることは、集客の仕組みを作って、お客さんに問い合わせの電話をしてもらうことです。チラシの作成や配布、インターネット集客をやることで、見込み客から電話やメールの問い合わせが来るようになっています。軌道に乗れば誰でもできるのがトランクルーム経営です。

運営上、自分が動けなければ、人を使ってやりましょう。近所のおばさんだっていいし、退職後の年金暮らしのおじさんだっていい。お父さんかお母さんだっていい。あるいは管理会社へ管理料を払ってやってもらってもいいわけです。他にも、最近はクラウドワークスや秘書代行サービスとか、ネット上のサービスを利用してもいいわけです。世の中にはお小遣いが欲しい人はたくさん存在します。

要は、難しく考えないこと。誰でもできるのがトランクルーム経営です。そんなに難しい作業ではないのですから、面倒くさいことは代わりの人を見つけて、その人にやってもらいましょう。自分ですべてを抱え込まずに、できないことは人にやってもらう、このスタンスでいけばトランクルーム経営はこれほど楽なものはない。利用者がいったん入ってくれれば、毎月、家賃を振り込んでくれるのですから、あなたはそれをチェックするだけでいいのです。

額に汗をかきながらやるような商売と違って、黙っていても毎月毎月家賃が定額で入ってきます。トランクルーム経営は、この安定さがなんとも良いのです。

今後のトランクルーム業界の予想

トランクルームの出店ペースをみると、ここ最近は屋外型コンテナより屋内型トランクルームの供給が増加している模様です。

平成26年、コンテナについて国土交通省から各自治体へ通達がありました。

【コンテナを利用した建築物に係る違反対策の徹底について】（平成26年12月26日付け国住安第5号）

近年、コンテナを倉庫として設置し、継続的に使用する例等が見受けられますが、このような随時かつ任意に移動できないコンテナは、その形態及び使用の実態から建築基準法第2条第1号に規定する建築物に該当します。このため、一般に、建築基準法に基づく確認申請を行い、確認済証の交付を受けないと設置できませんので、ご留意ください。また、すでに設置されているコンテナを利用した建築物について、建築基準法に適合しない事項がある場合には、その所在を管轄する特定行政庁より、違反建築物として扱われ、是正指導や是正命令の対象となりますので、ご留意ください。

という通達で、コンテナを設置するときは建築確認申請が必要だという見解です。コンテナを建築物として考えると、法的な規制も含め、基礎工事はもちろんのこと、コンテナ本体も耐震性を要求されるようになりました。必然的に生産コストが跳ね上がり、今までと比べ投資コストが1・5～2倍になって、今後、貸しコンテナの採算性が大変厳しくなりました。貸しコンテナの賃料を上げればこの問題も一気に解決できると思われますが、現実的には、コンテナが競合している地域では、たくさんある既存のコンテナの賃料の値上げは難しいでしょう。

そのような理由で、コンテナ業者さんはコンテナの出店を抑え、屋内型トランクルームにシフトしている傾向があるようです。今後の予測として、トランクルームは貸しコンテナが減少し、屋内型トランクが増加するのは間違いないと考えられます。コンテナ業者さんの動静が注視されるようになるでしょう。

街の不動産屋さんがトランクルームに興味を示さない理由は？

不動産業者さんは、レンタル収納ビジネス、すなわち、コンテナやトランクルーム経営のことをいったいどう思っているのでしょうか？　気になりますね。不動産のプロと言われている人たちが、私がやっているようなトランクルーム経営をどう感じているか、また、どの程度知っているのか？　気になるでしょう？

結論から言いますと、それには「まったく興味がない！」…ということです（本業の賃貸経営は興味があっても、こういったビジネスにはまったく興味は示さないのです）。どう考えても儲からないと思っているから興味がないのです。それはそうでしょう。1件5000円、6000円だと言われるようなビジネスに誰が興味を覚えるでしょうか？

1件決まれば仲介手数料や礼金、広告費で20～30万ぐらいになる商売と比べれば、馬鹿らしくてやってられないでしょう。手間もかかるし時間もとられ、それでもって1件につき5000円では、誰が考えても旨みがない。あなただって、やってみたいとは思わないのではないですか？　試しに不動産屋さんのところへ行って「コンテナやトランクルームビジネスってどう思われますか？」と聞いてみてください。

多分、こう答えるでしょう。「やったことがないのでわかりませんが、あんなもの、ニーズなんかありはしないし、まず第一に単価が安すぎますよ。だから商売にはならない」「面倒くさそうだし、商売としてはお勧めしませんね」「おやめになったほうが良いのでは・・・？」と、けちょんけちょんにこき下ろすのに間違いありません。

あなたはそれを聞いて「やっぱり、そうだな。不動産屋さんの言うことは当たっているから止めたほうが良さそうだな」。たぶん、そうなるでしょう。業者さんは推薦するどころか儲からないビジネスとして捉えているわけです。

なぜ、あまり旨みのないビジネスと考えているのでしょうか？　簡単に言えば、「やったことがないからです」。経験がないから、表面だけとらえて判断してしまうのです。また、賃貸や客付けという商売を長年やっていますのでそれを基準にしてしまうということ。

賃貸にしても売買にしても、1回仲介をすればそれでおしまいです。だから、業者さんはできる限り広告費や礼金などで少しでも多く取ろうとする。賃貸や仲介は一度限りの商売なのですね。

ところがこのレンタル収納ビジネスというのは、たかが5000円であろうと、利用している限りはずっと口座に家賃が振り込まれます。5000円の家賃を1年借りてもらえれば6万円です。それが3年借りてもらえれば18万円ですね。これが10年続けば・・安い安いと思っていた家賃が累積すると結構な金額になります。このトランクルームビジネスはリピート商売、年金型、ストック型ビジネスなのです。

顧客生涯価値（lifetime value）というマーケティング用語を知っていますか？　顧客1人あるいは1社の顧客ライフサイクル全期間で、その顧客が企業にもたらした価値の総計のことです。これはマーケティングの基本なのですが、売上は、人数×単価×リピート、この3要素で構成されます。商売は、一時にドカンと売り上げがあっても、その後0であればまったく意味をなさないのです。たとえば、その月に100万円入っても次の月に0であれば、100万÷2＝50万になります。さらに、その月に100万円入ってもその後

2か月間0であれば、100万÷3＝33万です。結局、月に平均すると33万円しかならなかったわけです。これが単価の高いビジネスのリスクなのです。

その点、継続的にお客様が支払ってくれ続けるリピートビジネスは一番良いのです。最後に勝つのはリピートビジネスです。この仕組みがないビジネスは旨味がない。これは私が35年以上様々なことをやった結果に到達した一番重要な考え方であると理解しています。

ここで、よく考えてみてください。世の中にいろいろな商売がありますが、この厳しい時代の流れの中で最後まで生き残っているビジネスは、結局は、このリピートビジネスの要素を含んでいる商売だということに気が付きませんか？

お坊さん、税理士、分譲マンション管理会社、水道、ガス、電気会社、携帯会社などなど、お金を出す顧客が1年や2年ではなく、一生付き合っていく人たちですね。こういうのを、私からみたら「おいしい商売」っていうのです。小さいお金をバカにしていると商売は長続きしません。一つ一つの単価は安くても、それがある規模になって積み重なっていくと、とてつもない効率の良いビジネスとなって化けていく。こういうビジネスを選びたいものです。それが「レンタル収納ビジネス・トランクルーム経営」なのです。

なぜ、トランクルームは儲かるのか?

トランクルームって儲かるのでしょうか?

それでは、不動産投資の代表である賃貸マンションと比較して、その疑問にお答えします。

簡単な事例で説明します。仮に賃貸1ルーム35㎡の新築物件があったとしましょう。この家賃ですが、地域によって違いはありますが、一般的な地方政令都市で、6万5000円(共益費別)はします(もちろん老朽化すればこれほどの家賃は取れません)。この場合、6万5000÷35＝㎡当たり1857円になります。住宅系賃貸だとどんなに頑張ってもこの家賃ぐらいしか出せません。今回は一番高い単身者用で計算していますが、ファミリー物件になると㎡当たりの家賃は大きく下がります。

一方、私が経営するトランクルームの貸し出し単価ですが、地方でやっている生徒さんの賃料は、概ねトランク実質有効面積㎡当たり5000～5500円ぐらいです。現実には通路部分を入れておりませんので通路部分を含めて再計算すると、レンタブル比（注）を68％と仮定して5500×0・68＝3740。㎡当たり3740円となり、先の賃貸マンション家賃の約2倍の賃料が取れます。

また、新築のRCの賃貸マンションの建物を作るとなると、最近は人件費や資材高騰でコストが高くなっているので、最低坪当たり100万はかかります。前述の単身者用賃貸マンションでは1戸当たり1000万はくだらないでしょう。東京都内あたりでは坪150万という話も聞いています。

しかし私のトランクルームは単なる既製品の組み立てのものですから、坪当たり安くて15万、高くて20万ぐらいで作れます。付帯設備を加味しても先の35㎡と同じ面積なら300万程度でできます。

トランクルームの「投資費用」は賃貸マンションの3分の1以下ですが、賃料はおよそ2倍あります。これがトランクルームの利回りが高い理由です。

なお、アパ・マンのような賃貸には、水道やガス、電気など生活に必要なライフラインが必須です。これに付加価値としてトランクルームが付いていたとしても（めったにありませんが）、たぶん料金はそんなに取れないでしょう。なぜなら、こういう場合のトランクルームは単なる「賃貸の入居率向上のための付加価値」にしか過ぎないからです。

ところがトランクルームという商品を別の土俵で勝負し、一般の「収納で困っている消費者」に貸し出した場合は、しっかりとお金が取れるのです。賃貸住宅の中で考えるトランクルームは0円の価値しかないけれど、このトランクルームを「賃貸以外の場所」で、かつ独自にレンタル収納スペースとしてビジネス特化すると、㎡当たり5000円も取れるわけです。

トランクルームの利回りが高い理由はこういうことだったのです。

【注】レンタブル比とは、ビルやマンションなどの延べ床面積に対する賃貸面積の占める割合を示したもの。建物の収益性を判断するための指標。トランクルームの場合は、テナント総床面積に対する実効床面積（通路等を除く）の比率。

トランクルームを自力で立ち上げよう！

トランクルーム業界では、「FC（フランチャイズ）やコンテナを単位ごとに購入して家賃を得る投資」、「トランクルームを区分所有して1部屋ごとに投資して利益を還元する投資」など、有象無象の業者さんが様々な投資手法で小金を持っている投資家を勧誘しています。

比較的他の投資商品より利回りが高いと言われている投資ビジネスなので、投資家の「楽して儲けたい」という意識に便乗し、手を変え品を変え、琴線に触れる謳い文句でアピールしているようです。

ここで、真実を話しますが・・・、私が現在やっているトランクルームについては、4店舗とも表面利回りは60％を軽く超えています。実質利回りでも最低40％は超えています。

また、受講した生徒さんの店舗も、地方都市で概ね60％以上。東京都内5区あたりでは、なんと！80％を超える数字が出ているケースもあります（東京都内は地方と比較し特殊事情です)。これが、私の生徒さんがやっている、ごく普通の利回り数字なのです。これだけの利回りを出せる投資なので、他力本願で他人のシステムに任せるのではなく、自分で店舗をオープンして、自分の力で経営をやったほうがはるかに儲かります。

言い換えれば、トランクルーム経営は、業者が間に介在することで利益が半減し、利回りの低いものになってきます。これは業者さんに利益を搾取されるということで、世の社会構造では自明の理でしょう。

ちなみに、某FC業者の謳い文句は実質利回り10%。都市型トランクルームを謳い文句にしている某ファンド系会社は実質利回り15%です。自分でやった時との、この差は一体何なのでしょうか? その差額はどこへ消えたのでしょうか?

お金を出すだけで、儲からなくてよい、他の面倒なことは一切やりたくないという方は、これら前述の搾取ラインに乗ればよろしいかと思います。

確かに、トランクルームというビジネスは皆さんが考えているほど、簡単ではありません。小予算ではありますが、投資コストもかかるし、借りるテナント物件も見つけなければならないし、部屋を利用してくれるお客様も自分で探さなければなりません。管理する上で面倒かもしれません。

ですが、トランクルームは他投資ビジネスと比べ、メンテナンスコストの掛からない、遥かに効率の良い儲かるビジネスです。労力がかからず、人手もかからず、素人であっても十分可能なビジネスです。もし、あなたがサラリーマン退職後の老後であれば、のんびりと気楽に運営できる息の長いビジネスです。

また、トランクルーム経営は大きなランニングコストや突発的に発生するリフォームコストが掛からないので、一般の投資家がやっているアパ・マン系の不動産投資があほらしく思えるのではないでしょうか？

何度も言いますが、もしトランクルームを考えている、もしくは、やってみようと思っている人は、**他力本願で業者に任せるのではなく、自分で自分の力でトランクルームにチャレンジしたほうが良い**と思います。儲けを業者に搾取されずに、多少の苦労を享受し、自らの努力でトランクルームをすべてやり切れば、スクールの卒業生のように儲けがすべて自分のものとなってきます。

それを実現できるのが、私が毎年開校している「トランクルーム経営スクール」です。

隠れた超優良企業「株式会社エリアリンク」

トランクルーム業界でナンバーワンの企業「株式会社エリアリンク」(https://www.arealink.co.jp/)という会社についてご紹介しましょう。私は、トランクルーム経営を始める以前の20年前にこの企業を知り、非常に興味を抱いたのを覚えています。このエリアリンクという企業の業績を調べてみますと…、

創業1995年。2023年の売上は224・6億、営業利益41・6億、営業利益率18・5%、従業員数80名。自己資本比率50・4%、所有室数10億1379万室、稼働率88・29%(上場以来最高値)。

内容を分析してみると、従業員数1人について売上2億8000万、営業利益5200万という数字となっています。売上2億8000万という数字もさることながら1人当たり営業利益5200万という数字も驚異です。2022年、社員1人当たりの営業利益トップ500社の26位にランクインしています。(東洋経済オンライン2022年7月26日)

一般的に、企業の売上高と従業員数の関係は業種や効率性によって異なりますが、目安として従業員1人当たりの売上高を5０００万円とすると、２２０億円の売上高を持つ企業には約４４０人の従業員が必要とされる計算になります。それがエリアリンクはたったの80人です。なんと社員数が少なく、営業効率の良い企業でしょうか？　これをみてもトランクルームが、いかに人手がかからないビジネスかということがご理解できると思います。世の中には、このような優良企業が日の目を見ないでひっそりと存在しているのです。ストック型ビジネスとして成長を続けるエリアリンクからは、今後も目が離せません。

第1章では、トランクルームについて読者の皆さんに少しでも理解を深めて頂くために、具体的な事例を交えながら、資産活用や私のビジネスに対する考え方を説明させて頂きました。「トランクルームって、なんとなく良さそうだな」と、思って頂ければ幸いです。これからトランクルームについて、通常では得られない情報も含め、さらに細部まで説明していきますので、読み進めてみてください。

TRUNK ROOM BUSINESS

第2章

なぜ、竹末は トランクルームビジネスを 始めたのか？

自社の不動産事業の変遷

申し遅れましたが、竹末治生と申します。私は大学が工学部の建築学科出身で建築会社、建築設計事務所を経て8年間建築技術者としての道を歩んできました。その後、建築家としての夢が破れ、大和ハウスという大手建築メーカーに入社し20年在籍していました。そこで主にやっていた仕事は、地主オーナーさんに土地活用でアパートやマンション・ビルの建設を提案する仕事です。一介の技術者から転向し、営業というハードで難しい仕事を20年こなし、自分の人生で人間的にも社会的にも成長できた期間であったと思います。また、実家が50年前から貸家業を営んでいましたので、幼いときから賃貸住宅には深い縁がありました。企業を退職後は、自ら土地付き賃貸物件を購入し、20年アパート経営をしていました。同時に電力会社や企業からの依頼で賃貸経営コンサルタント業務（全国でのセミナー講演など）の仕事もやっておりました。その後、ある理由で賃貸住宅経営事業の拡大を断念し、トランクルーム・レンタル収納事業に転換いたしました。２０１１年には、トランクルーム経営の成功体験を元に、全国の投資家の方にトランクルームのノウハウや

レジデンス賃貸経営

マイボックス24広島１号店

トランクルーム経営

マイボックス24広島２号店

コインパーキング経営

マイボックス24広島３号店

バイク駐車場経営

マイボックス24広島４号店

スキルを指導するスクールも開講し、これまでに18期連続で運営しています。

社会保険事務所への年金相談

さてここからは、私がトランクルームをやってみようと思った動機をストーリー風にお話しします。

今から20年前、仕事も円熟期に入り、ちょうど50歳を迎え、そろそろ老後のことが気になりかけた頃、ふと、立ち止まって考える時期がありました。人生も後半生に入り、将来のことが少し心配になってきたのです。

そこで、将来年金がどの程度支給されるのか試算をして頂こうと思い、社会保険事務所（現在は年金事務所）を訪ねたのです。年金事務所の窓口の方は、女性の担当者の方でした。まだ年金支給対象に届きそうもない若そうな私に視線を合わせながら、「年金についてどんなご相談ですか？」と尋ねられました。そこで、当時転職したときに持っていた橙色の年金手帳を提示しながら、「現在の年収を維持するという前提で、私が65歳になったら一体どのぐらいの年金をもらえるのか、数字を把握しておきたいのですが」と質問しました。

するとその女性は「あなたは、まだお若いし、かなり先のことなので正確な数字は出せませんが、64歳まで年収が一定であるという前提で老齢基礎年金と老齢厚生年金を計算してみましょう。少しお待ちくださいね」。彼女は、相談のカウンターから事務所の奥へ移動し、しばらくして奥から出てきて、簡易な計算書を私に提示しました。そして、そこに記載されている数字を丁寧に説明し始めました。

年金のことについて研究もしていない私にとって訳のわからない専門用語が並んでいるので閉口しましたが、年金の支給額が月いくらになるのかということが、今回の私の大きな相談目的です。説明を聞いていてもチンプンカンプンなので、

「ごちゃごちゃ説明されても私には理解できません。結局、65歳になって月いくらの年金がもらえるのですか？　具体的な数字を教えてください」と問いました。

担当の女性の方は私の意を介して、

「わかりました！　要は月に直して〇〇円ぐらいです」

「えっ！〇〇円？　ほんとうですか？　たったこれだけ・・・？」

メモ用紙に赤いボールペンで記されていた数字を目の当たりにして、私は目を疑いました。

そして愕然としたのです。

驚愕の年金支給額

今でも、このメモ用紙を保管していますが、信じられない年金額でした。高齢になって年金生活に入り、今の、この程度の年金額でどうやって生活できるのか？　はっきり言って無理です。まともな老後の生活ができる訳が無い！

私は現実感に打ちのめされたような気がし、目の前は真っ暗でした。できれば、悪い夢であれば覚めて欲しい。そんな悲壮感を抱きながら、私は年金事務所を後にしました。

こんなことがきっかけとなり、老後の資金作りを真剣に考えるようになったのです。そして、これから老後に向けて少ない年金を補う「仕組み」を模索し始めました。その「仕組み」の候補となる条件はたくさんありました。たとえば、月々の定期的な安定収入。高齢になってもできる仕事。景気に左右されない。時代に流されない(流行りものではない)。

小予算でできる。利回りが高く投資コストを短期間で回収可能。長期間継続できる。市場が右肩上がり（成長市場）。人を雇わないで一人でもできる。労力がかからない。事業の拡大が可能。高額な不動産を購入しない。トラブル・クレームが少ない。年金型のビジネス。ストック型ビジネス。具体的な数字として年金＋20万等々・・・。

年金＋20万の事業の選定

これらの条件をカバーできる、満足できる事業や投資を検討しました。デメリットもあるとは思いますが、デメリットは実践すれば必然的に発生することです。ネガティブに考えずに実践することこそが大事です。その結果、トランクルーム、バイク駐輪場という事業に白羽の矢が立ちました。

現実的数字的な目標は年金＋20万円です。月20万という数字にこだわりました。年金に毎月20万のキャッシュが加われば十分老後の生活は満たされるという小さな目標なのですが、現実の年金額に20万もあれば必要十分です。それに、高額な不動産を購入するわけではなく、賃貸で借りたテナントの店舗数を着実に拡大し増やしていけば、キャッシュは2倍、3倍と増えていきます。まずは1店目のトランクルーム店舗を開業することで、月20万という目標数字は成し遂げられます。

長々と説明しましたが、公的年金の多寡の把握がきっかけとなってトランクルームビジネスを始めることとなったのです。

小さな成功を目指して

ただ、そう簡単にトランクルームという事業が立ち上がったわけではありません。

トランクルームという商売が地方で成立するものか、またニーズはあるのか、また収益性はどうなのか、わからないことばかりでした。周囲には、レンタル収納事業のことに詳しい人も教えてくれる人もいませんでした。

そこで、インターネットや書籍で調べ、既存の店舗にも足を運んで調査研究を始め、コンテナ業者さんと面談をしたり、東京にも足を延ばしてトランクルーム関係者への取材も行いました。準備期間におよそ2年程度はかけたと思います。

実践しようと決意してからも、物件を見つけることからスタートしたため、トランクルーム店舗の企画に半年かかりました。そして、ようやく開業するテナント物件が見つかり、見よう見まねですが苦労の末、トランクルーム1号店という商品を完成させたのです。2006年4月のことでした。

スタート前後の開発秘話

ですが、これで成功したというわけではありません。これからがトランクルーム事業の、難産のスタートだったのです。結局、このトランクルーム事業が成功したなと納得した時期は、思い立ってからなんとすでに2年が過ぎた頃だったのですね。それは、私にとって長い、長い道のりでした（今だから言えますが、新規ビジネスを立ち上げるということはそんな簡単なものではないということが言えると思います）。

1号店がオープンしてから私は満を持してお客様を探すマーケティングを開始しました。まず最初に、チラシや看板を作成しました。店頭に大きな看板を設置し、トランクルームをアピールしました。それと、チラシを何万部も作り、新聞折り込みを使って店舗の周囲半径5㎞まで配布しました。

1回目で1万部を配ったところ、電話での問い合わせが数件ありました。その時は「やった！　ニーズがあるんだ」と思いましたね。その後気を良くして、続けてまた折込チラシを1万部配りました。チラシを配るたびに順調に問い合わせがあり、2か月でなんと13室の部屋が埋まりました。まだいけると自信満々でしたが、好事魔多し。

3か月目からはパタッと電話が鳴らなくなりました。チラシを配っても4か月目も0、5か月目も0の状態が続きました。問い合わせがまったくありません。やむなく深夜に付近のマンションを回り、毎日何か月もポスティングを続けました。この時の私の気持ちは「このビジネスは失敗した・・・」でした。何年も慎重に調査研究し、労力をかけ、そして大枚500万を掛けてやったビジネスが成功しなかったと、気持ちが大きく落ち込みました。そして「結局、このトランクルーム店舗をたたむしかないのか？」と覚悟を決めたのです。さらに、落ち込む私に追い打ちをかけるように、友人知人そして親族までからも、「竹末が変な商売をやっている！　気は確かか？　失敗するよ」と言われる始末。

が、捨てる神あれば拾う神ありです。よく考えてみるとチラシしか配っていなかったことに気づいたのです。「あ、そうそうインターネットを忘れていた。そういえば、5カ月前に頼んでおいたウェブサイトの作成はどうなったのだろうか？」急いでウェブデザイナーさんに連絡してみると、まだできていないという。そんなことでは困るので、「すぐにでもサイトを完成させ、アップしてください！」と檄を飛ばしました。6か月目にサイトが完成アップされると、インターネットからポツンと1件申し込みがありました。それからというもの、少しずつ問い合わせが増え、最終的に1年と4か月で1号店の43室がなんと満杯！になったのです。それは長い、長い道のりでした。一度は諦めかけたトランクルームビジネスでしたが、まさに青天の霹靂でした。

その後、続けて2号店をオープン

1号店を満室にして自信を持った私は、2号店を探し始めました。ある時、近所で、私の母の友人のビルオーナーさんのテナントが空いているのをキャッチし、私の母親を通じてテナントを貸してくれるようにお願いしました。そうすると友人からの頼み事ということでOKが出たのです。賃料に関しては渋っていましたが、了解を得て、急いでトランクルームの準備に掛かりました。2号店は、テナントの有効性から地域では初のバイク駐輪場8台分をトランクルームの一部に組み込み、1号店が満室になった翌年2008年に、晴れてオープンしたのです。この2号店も順風満帆で、25室がわずか8か月で満室になりました。

年金不安から始まった私の挑戦は、見事に成功し老後の経済的自由が得られたのです。

コラム　不動産の隙間ビジネスへチャレンジした結果、得たもの

20年以上前はアパートやマンションなどスタンダードなレジデンス賃貸の取得を目指し実践してみましたが、投資ビジネスとして考えるうえで住居系という業態は「ま

ったく旨味がない」「投資効率が悪い」ということが経営しているうちに徐々にわかってきました。最近流行っている民泊やシェアハウスなども住居系の類ですから、住居系のデメリットや弱みがあるビジネスだと私は捉えています。

そんなことを早くから見極めていた私は、20年前から住居系の賃貸に「重き」を置かないで、それ以外の、もっと効率の良い稼げる不動産の投資を模索し始めました。

そして時間をかけて探し求めた結果、それがトランクルーム（レンタル収納ビジネス）という投資手法だったのです。トランクルーム投資は、住居系賃貸経営の「儲からない」、「煩わしい」「リスクが高い」という弱点や欠点をカバーできる珠玉の手法でした。

結果、トランクルーム投資をスタートし19年経った現在で、5店舗までトランクルーム店を増やしました（その内、1店舗は閉鎖）。また、以前から興味を抱いていたバイク駐車場も17年前にトランクルーム店の中へ1か所併設しました。そして、7年前にコインパーキングもスタートし、それなりに回り始めたので、現在では2店舗目を立ち上げ年650万程度の売上になっています。これらすべてのビジネスが住居系賃貸を疑問に感じたことからスタートし、ニーズを模索しながらチャレンジし、紆余曲折を経て、今現在は経営が好調に推移しています。そして安定的に収益を生み出しています。

トランクルームもバイク駐車場もコインパーキングも、アパ・マンのレジデンス賃貸経営を否定したことからの産物でした。まずは、今やっているビジネスを疑ってみることが重要です。疑ってみることで、他のビジネスのほうが、はるかに効率が良いことがわかってきます。早めに、効率の悪いレジデンス経営のしがらみを断ち切ったことが、このような結果に繋がったのです。いずれにしても、隙間ビジネスをやって本当に良かったと思います。大正解でした。

TRUNK ROOM BUSINESS

第3章

トランクルームビジネスの魅力とは?

トランクルームを運営すると、こんなメリットが！

トランクルームを20年近くやっていると、様々なメリットがあることがわかってきました。そこで読者の皆さんにトランクルームの予備知識を持ってもらうために、トランクルームという事業は一体どんな特徴があるのか、メリット、デメリットを含めて詳しくご説明したいと思います。これらを説明することによってトランクルームビジネスがどんなに素晴らしいビジネスかということをよく理解して頂けると思います。

◆初期投資コストが低いため回収期間が短い

オフィスビルやアパート・マンションを建設するには多大なコストが必要で、リスクが高いです。昨今の物価高による建設費の高騰で新規投資はさらに厳しさが増し、収益が出にくくなっています。ところが、このトランクルーム経営では、資材の高騰は一部確かにありますが、投資コストが小さいため（規模にもよりますが概ね５００万から１０００万程度）、回収期間が短く、経営が順調にいけば３～４年程度で元が取れてしまいます。賃貸マンションのように30年、35年の長期のローンを組むことはありません。

◆アパ・マンと比較して利回りが高い

これがトランクルーム経営最大、最強のメリットです。地方都市の私の場合、現在稼働中の4店すべて含め表面利回りで67％。テナント家賃などの経費を引いた実質利回りでも42％あります。賃料の高い東京都内では、生徒さんの実例で表面80％を超える場合もあります。これほどの利回りを叩き出すビジネスが他にあるでしょうか？　そして利回りをさらに上げる秘策がありますが、後ほどご説明します。

◆テナントと比較して収益性が高い

事務所やオフィスの用途で貸すよりははるかに高い賃料が得られます。スクールの生徒さんの事例でテナント併用賃貸住宅ビルを建てた人がおられますが、1階部分を貸しテナントにしないでトランクルームにしたところ、通常のテナント貸しでは賃料30万が限界でしたが、トランクルームの場合は満室時50万以上となり、1・5倍以上の大きな収益が得られました。そのため、ビル全体の利回りが2％程度上がりました。一般のテナントで貸し出すよりトランクルームにコンバージョンしたほうが、ビルの収支が良くなる事例です。

◆初公開！直近のマイボックス24経営収支の実績表

2022.10～2023.9月
マイボックス24トランクルーム収支内訳

	1号店			2号店		3号店	4号店	計
トランクルーム賃料収入	1,216,075	1,168,320	1,062,730	1,774,755	984,000	4,528,593	5,642,630	16,377,103
賃料引き落とし手数料							175,010	175,010
							賃収合計	16,552,113
電気代			8,107		13,037	30,263	60,045	111,452
HP運営費				31,900	4,183	7,852	7,852	51,787
電話代フリーダイヤル							20,581	20,581
ライフル広告							95,023	95,023
グーグル広告							153,952	153,952
グッドトランク広告							39,600	39,600
リコーリース手数料							227,150	227,150
テナント家賃			1,080,000		1,080,000	1,320,000	1,848,000	5,328,000
火災保険			10,000		10,000	20,330	19,565	59,895
固定資産税							28,600	28,600
							経費合計	6,116,040

賃収-経費＝**10,436,073**　粗利益率 **63.0%**

この表は、私の運営するトランクルーム「マイボックス24」の直近の４店合計の経営収支表です。このキャッシュフローをアパートマンションなどの不動産投資で得ようとすれば、一般的な利回り数字（実質利回り２％）で割り返すと５億円程度の投資物件を購入しなければなりません。１億円のビルを５棟以上購入する計算になります。かつ金融機関で長期20～30年のローンを組まなければなりません。リスクのある大きな投資コストに対して、トランクルームの場合は４店合計の投資コストがわずか2,449万で、表面利回り67.5％です。もちろん10年前に元は取り、現在は債務はありません。不動産投資と比較し、いかにトランクルーム経営の投資効率が良いか一目瞭然です。

◆リフォーム・メンテナンス・原状回復費用が一切不要

トランクルームのメリットとして痛切に感じたのは、リフォーム・メンテナンス・原状回復費用が一切不要だということです。これは「高利回り」に次ぐ大きなメリットです。入退室があっても簡単な掃除をするだけでＯＫです。アパートやマンションのように原状回復や修繕にコストが掛かるものと違って、使用頻度が月に1回、半年に1回と少ないため、室内は傷みませんから、常に綺麗な状態で次の利用者へ貸与することが可能です。また、テナントを借りている場合、外壁や屋上の大規模修繕は貸主負担であって、借主は出費がありません。アパ・マンのように突発的な出費が無いので、月々のキャシュが安定しています。

◆アパ・マンのように入居率が建物の築年数に左右されない

老朽化したアパ・マンや事務所ビルは入居見込み客には不人気です。入居者は建物の古さで判断するので、必然的に入居率が落ちます。古くなった室内は、原状回復を超える仕上げや設備にしないとなかなか空室は埋まりません。しかし、トランクルームを借りる利用者は建物の古さをまったく気にしません。なぜなら、モノを保管するという目的のみで、そこで仕事をしたり住んだりすることがないからです。過去、利用者を内見案内してきた経験からも、建物の築年数は入居率にまったく関係ありませんでした。実際に私の店舗は建物の築年数が40年、50年、60年の建物ばかりです。過去19年で、古い建物だからトランクを借りないという人はただの一人もいませんでした。トランクルーム利用者は見かけが悪くても全然気にしないようです。

◆部屋数が多いので空室リスクが分散できる

事務所やオフィス、住居など部屋数があまり多くない場合、たった1室空いただけでもオーナーにとって家賃が入らないのは大きな痛手になります。しかし、トランクルームは内部を区分して小さな部屋が多数ありますので、40室のうちの1、2室程度が空室になっても収支に大きく影響しません。トランクルームは小さな家賃単価の積み重ねだからです。部屋数が多いということは、空室のリスクが分散できるということになります。

◆時代に流されず、不況に強く生活に密着したビジネス

モノを収納するという行為は、住生活の中で必要不可欠な行為で生活の一部です。衣食住の基本に関わるビジネスはどんなに不景気になっても流行り廃りがありません。

たとえば、２０２０年から約３年間、パンデミック・新型コロナ感染が猛威を振るった

時期、飲食や旅行、宿泊などすべての経済が大きく落ち込みましたが、トランクルームの需要はまったく落ち込みませんでした。逆に多くの人が外出を避け巣ごもり需要が起こって、トランクルームの利用需要が大きく伸びていきました。また思えば、2008年のリーマンショック後の不況でもトランクルームの需要は落ちませんでした。私は、19年の間このような災禍を何度も経験しましたが、売上は順調に伸びていきました。トランクルームは不況に強いということが実証されたのです。

コラム　新型コロナ感染でトランクルーム需要が伸びた？

日本で新型コロナウイルスが本格的に流行し始めたのは2020年1月からです。次頁のグラフは株式会社パルマ（トランクルーム保証会社）の2022年5月時点の首都圏のトランクルーム契約状況です。2022年1～5月の契約件数はコロナ禍にもめげず、前年同時期と比較し、毎月大きく伸びています。ここ数年のデータを見る限り、コロナ感染前と比べ明確に利用状況が増加しています。新型コロナ感染によ

WEB新規契約件数の推移

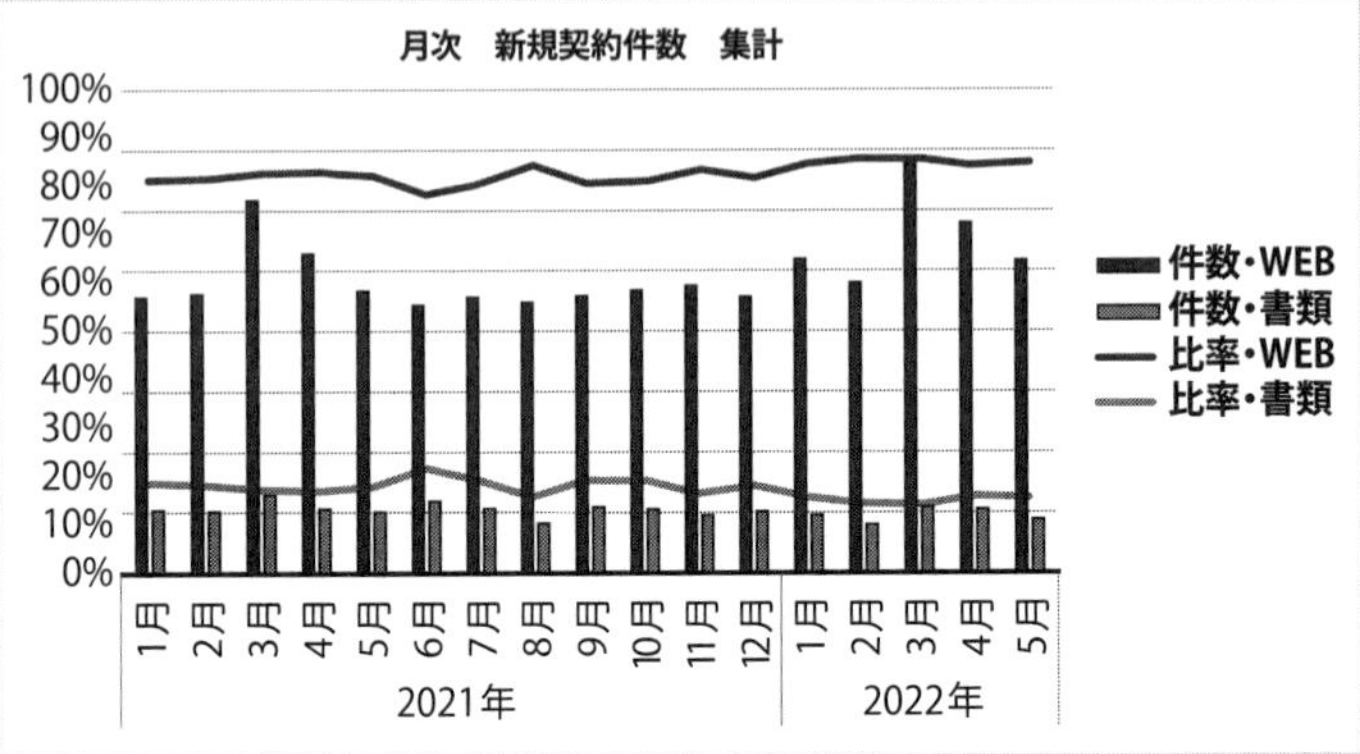

資料提供　株式会社パルマ（保証会社）

る企業のリモートワークやオンライン化が進む中、トランクルームビジネスは、今回の新型コロナ感染を一つの契機とし、認知度のステージが一段階上がったとみていいのではないでしょうか？　日本のトランクルームビジネスは、これから少しずつ時間をかけながらも成長していくでしょう。そして、アメリカのように社会に欠かせない生活産業として発展していくのは間違いないと思います。

◆「賃貸経営の堅実さ」があるビジネス

アパ・マン賃貸や貸家業は、「住まい」という人間の根源的な営みを得るスペースを貸し出す商売です。毎月定期収入があり、堅実で安定しています。トランクルームも賃貸経営と同じようなリピートの構造があり似通ったビジネスモデルです。スペースを作って借主に貸し、家賃という対価を貸主が得ます。毎月の変動が少なく一定の売上が見込め、安定感があります。そういう意味で秀逸なビジネスモデルだと思われます。

◆長期間やればやるほど経営が好転する

長期間経営を継続すればするほど、短期客が排除一掃され、長期客が残るようになります。また、利用者の部屋の更なる追加や顧客の紹介などが発生します。さらに、店舗周辺で認知が少しずつ拡がり、潜在的な見込み客が顕在化し、空室となった部屋が埋まります。このように長くやればやるほど、トランクルーム経営の「善循環」が起こってくるようになるのです。

◆市場が右肩上がりで伸びている

市場のライフサイクル曲線から見ると、導入・成長・成熟・衰退期のうち、大都市の東

事業ライフサイクル曲線

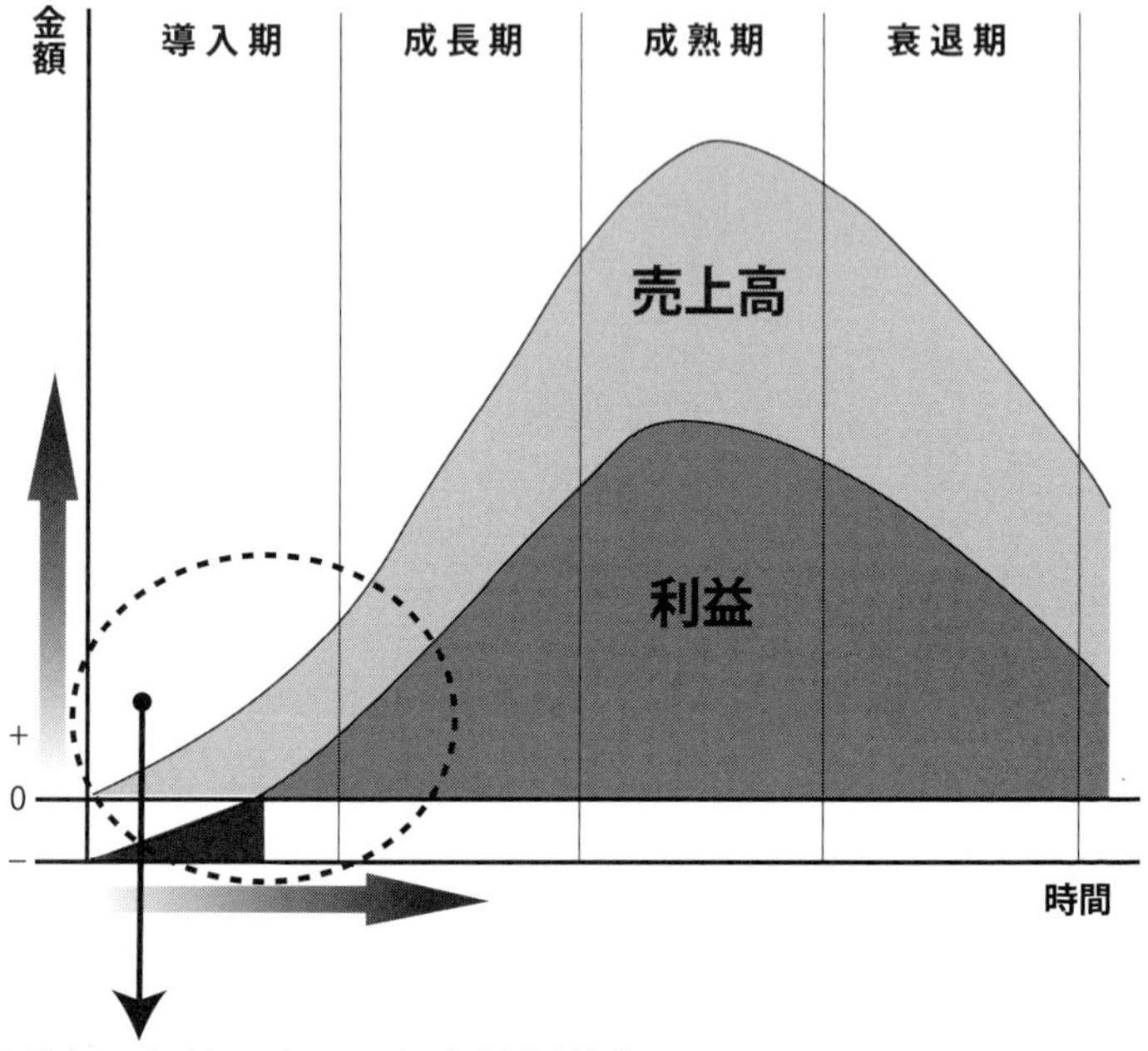

日本のトランクルーム市場は現在、
導入期から成長期初期のポジションと思われます。

京では成長期に入っています。それ以外の地方都市は、成長期前の導入期であり、今後も成長が大きく見込まれるビジネスです。日本のトランクルーム市場は２０２３年コンテナ、室内トランク含め約58万室であり、利用状況としては１・08％の利用率です。一方、同ビジネスの元祖である米国では、世帯総数の11・１％が利用しています。日本の約10倍の普及率です。このデータを読んでも日本のトランクルーム市場はまだ成長余地が十分に残されている市場であると考えられます。

◆人を雇わないで一人でもできる

管理運営が単純な作業なので労力はほとんどかかりません。また自動化できる仕組みを作ればオペレーションを省力化できます。ですから、一人でも運営できますし、人も雇う必要もありません。独立したオーナーであれば、10店舗程度までは十分一人で運営管理が可能です。人手が掛からないということは、会社組織であれば人件費が安く済むということです。トランクルーム企業の大手「エリアリンク株式会社」という企業は２０２３年売上高が２２０億にもかかわらず、社員数はなんと、わずか80名です。このトランクルームというビジネスが、いかに人出がいらず効率が良いか、ということがご理解できると思います。

◆法令上の許可など必要なし

本来の「トランクルーム」とは、倉庫業法により国土交通大臣の登録を受けた倉庫事業者が、消費者の家財・美術品などを一定期間預かり保管管理を行うための施設で、業務体制が優良である旨の認定を受けた倉庫です。しかし、私たちがやっているトランクルームは、収納スペースを個人や企業に貸し出し、**その後の保管物の管理は利用者の責任で行うというスタイル**を取っていますので、国土交通省認定トランクルームとは一線を画します。難しい許可認定は必要ありませんので、個人でも企業でも誰でも許可なしで運営が可能です。

◆店舗拡大・事業拡大の可能性がある

老後の年金作りのため、小さな成功を目指すのであれば1店舗のみでも十分可能ですが、事業意欲のあるビジネスパーソンの方は店舗を増やすことにチャレンジしてください。1店より2店、2店より3店と店舗を増やすことによって、売上は2倍、3倍になってきます。不動産を購入することなく土地や建物スペースを借りてやればよいので、いくらでも伸ばせます。また、本気で事業拡大を目指す企業は、本業をカバーするビジネスとして事業拡大を目指してください。長年の間にノウハウを蓄積し、事業の第2の柱として時間を掛けて成長させることも可能です。本来、粗利益率の高いビジネスなので本業を凌駕することもあり得ます。私のスクールの生徒さんで、そのような実績を上げた企業さんもおられました。

◆高額な不動産を購入する必要がない＝借り物でもＯＫ！

トランクルームをやるために不動産を購入しなければならないという先入観がありますが、不動産を所有する必要はありません。土地や建物スペースを借りればＯＫです。不動産物件を購入するための労力や時間を考えると出店ペースが確実に遅滞します。それと、資金的な問題も大きいです。高額な不動産を購入することには銀行融資の基準や限界があり、スピーディな展開ができなくなってしまいます。物件を購入するよりは借りてやったほうが合理的です。不動産購入は避け、借り物でやりましょう。

◆利用者層は企業、個人など幅広い

トランクルームを利用する人たちは個人だけだと考えている人が多いですが、地域性によって意外と企業も借りてくれるケースも多いです。企業として中小零細ばかりでなく、大手と言われているような企業でさえ借りてくれることがあります。企業にとって敷金や礼金、仲介手数料もなく面倒な手続きなしで借りられるトランクルームは、便利が良く好都合なのでしょう。また、個人の方では、トランクルームは所得の高い人が借りられるというイメージがありますが、それは誤解です。現実には年収200〜300万ぐらいの人から1000万まで所得層の幅が広く、様々な職業の人からの利用があります。芸能人やタレント、プロ野球選手など著名人の方もトランクルームを利用されることがあります。

◆定年後にのんびりやれる年金ビジネスとして有効である

サラリーマンや公務員の方で退職後の年金生活をしている方には、最適なサイドビジネスだと思います。退職金の一部を使ってトランクルームを1店舗だけ開業し、のんびりと経営すれば、年金にプラス20万程度のキャッシュにはなります。年金が20万増えると余裕ある老後生活を送れますし、生活のための預貯金を切り崩す必要はありません。20万を稼ぐために外に働きに出ると、相当な日数と労働時間を割くようになりますが、トランクルームだと通常の生活をしながら片手間で運営ができます。年金生活者こそお勧めできる副業です。健康寿命を維持できれば80歳ぐらいまでは十分に可能だと思います。

◆賃貸住宅と違って権利関係のトラブルが少ない

住居系のアパ・マンの場合は、入居者が1年365日使用するので設備機器のトラブルなどが日常茶飯事です。また入居者は住居権という住まう権利に護られています。自分たちの生活が脅かされれば、当然の権利として貸主側にクレームを出します。しかし、トランクルームというサービスは住居系と違い、部屋の中にモノを置いてあるだけなので、トラブルやクレームは一切ありません。契約者は確かに人ですが、保管するモノには口が付いていませんので、そういったクレームが発生しないのです。したがって、管理上の手間がかからないのもトランクルームのメリットです。

◆立地が悪くてもインターネットなどのツールを使えばOK

トランクルームの店舗は飲食や物販店舗と違い、立地にこだわる必要はありません。**路面店でなくても、2等立地や3等立地でも構いません。また、駅から遠くても問題はありません。**視認性のある立地や車、人の交通量の多い立地に越したことはありませんが、現地からの問い合わせはそんなに多くなく、8割ぐらいがインターネットからの問い合わせですので、インターネットを集客のツールとして重視したほうが良いと思います。そもそも立地の良い場所はテナント賃料も高額ですので、トランクルーム経営収支に適していません。

◆無名ブランドでも問題はない（大手ブランドに勝てる）

トランクルームを利用する顧客はブランド（知名度）で借りません。ブランドは集客にまったく影響しません。利用者が「近くて安くて便利」であると満足すれば、どの業者であろうと借りてくれます。ここが私たちのような零細業者にとって都合の良いことなのです。仮に大手トランクルーム業者が近隣に出店し脅威に感じても、まったく心配することはありません。私自身も大手トランクルームから1㎞の距離に出店しましたが、現在でも大手は空きが目立ち、一方私のトランクルーム63室は10年間満室が続いています。安心してください。利用者は、ブランド関係なしに私たちの店舗を選んでくれます。

◆状況によって家賃の値上げが可能

アパ・マン賃貸には家賃相場という慣習がありますので、家主の都合によって家賃を上げるのは大変難易度が高いです。30年前ならそんなことも可能でしたが、現在の供給過多の市場では強気な家賃値上げは現実的ではありません。しかし、トランクルームの場合は、家賃を上げることは可能です。**なぜなら、トランクルーム市場（特に室内型）はまだまだ寡占市場なので、家賃相場が明確に確定していません。また利用者側もトランクルーム家賃を把握していないことが多く、安いか高いかという判断**

ができないのです。したがって家賃値上げを通告しても、ほとんどの利用者がその条件を受け入れます。試験的に生徒さんにやってもらったところ、160室で1人か2人程度しか退去がありませんでした。住居の家賃と比べ単価が低いのも理由ですが、トランクルームの中のモノを移動するのが面倒くさいというのも理由でしょう。

◆市場を分析し、トランク家賃の相場を形成することが可能

東京都内では自分で家賃相場を作るのは難しいですが、地方都市ならそれが可能です。運営途中の値上げが難しいなら、トランクルーム立ち上げ時に自分の思う家賃を設定し、スタートする方法も可能です。トランク市場と家賃相場を調査し、状況に応じて家賃設定をしてください。商品やサービスを売る商売は世の中にたくさんありますが、自分の思う価格で商売できる事業があるでしょうか？　たくさんはないと思います。ほとんどの人が「相場」という縛りで落としどころを決めているようです。しかし、屋外型のコンテナは難しいですが、屋内型のトランクルームなら、それが可能です。利益の最大化を目指すために「価格戦略」を行いましょう。スクールの生徒さんで高額の家賃設定をし、儲けている生徒さんもかなり多いです。

◆節税効果がある（減価償却が短い）

トランクルームに使用する商品は多種類ありますが、その中でスチィールパーティションと言われるものは大きな節税効果があります。スチィールパーティションは投資コストの過半を占める大きな金額です。減価償却資産として「可動間仕切りの簡易なもの」と扱われ、法定耐用年数が３年でみられている場合もあります。ただし、減価償却については税理士によって見解が異なる場合がありますので、別途税理士とご相談されたほうがよろしいでしょう。

◆火災の原因となる火種がない

トランクルームには賃貸住宅のように料理に使うコンロやガス給湯など、火気を扱う設備はありません。火災の原因となる火種が無いので、火事が発生する確率が低いということも特徴です。付け加えますが、トランクルームには流し台やトイレや洗面など、水道設備も設置する必要がありませんので水道料金はかかりません。

◆お客様から感謝される（社会貢献）

私は、お客様（利用者）との接し方において、貸す側、借りる側として対等な関係を常にキープするように心がけています。トランクルーム経営は、通常のサービス業のように顧客第一主義的な低姿勢に徹する必要はまったくありません。そうかといって傲慢な態度で接するわけではなく、フィフティ・フィフティな関係でお付き合いをさせて頂いていますので、お互いに感謝する気持ちがあります。そのためか、利用者が退室するときは「長い間、貸して頂いてありがとうございました」という感謝の言葉をたびたび頂きます。私はそんなとき、「トランクルームは社会に貢献をしているのだな」と切に感じます。ビジネスはいくら「お金儲け」といっても、お互いにWin-Winの信頼関係があってこそ成立するものです。トランクルームはお客様から喜ばれるサービスだと思います。

トランクルームのデメリットは？

さて、ここまでトランクルームの特徴やメリット、このビジネスがどんなに素晴らしいかということを多岐にわたってご説明してきました。少しずつトランクルームの概要が掴めてきたのではないかと思います。と、同時に「トランクルーム経営をやってみたい！」、と思われている方もおられるのではないでしょうか？

しかし、良いことばかりをお伝えしても片手落ちです。トランクルームの問題点を知らないままスタートしても失敗する確率が高まりますので、事前にネックとなる不安要因を知っておくことが必要です。それでは、トランクルームに参入する人が、乗り越えなければいけない大きな壁について説明いたしましょう。

◆賃料単価少額の煩わしさ

トランクルームの賃料はアパ・マン賃貸と比べると一部屋5000円とか1万円とか単価が少額です。単価が小さいので煩わしいと思うこともあるでしょう。家賃回収チェックをするときでも、額が低いのでついつい家賃を疎かにしがちですが、小さなお金を軽々しく扱ってはいけません。100円ショップのような商売も単価が小さいですが、塵も積もれば山となります。100円ショップの株式会社大創産業は2023年における売上高が6249億円で、前々期比106・0%となり、過去最高を記録しています。たった100円の商品が積み重なるとこのような大きな金額となるのです。トランクルームでも、たとえ1室単価が5000円だったとしても1年借りて頂ければ年に6万円となります。仮に10年借りてもらったら一体いくらになるでしょうか？

◆独自集客の難しさ（集客ネットワークが無い）

アパ・マンやテナントは、空室になったら、管理会社や客付け会社にお願いして入居者を連れてきてもらえますが、トランクルームは他人力に依存できません。したがって自分の力でお客様を探さなければなりません。「不動産屋さんに頼めばいいじゃないか？」と思われるでしょうが、現実には不動産屋さんはまったく期待できません。まず連れてきてくれません。なぜかと言えば「トランクルームの集客のルートを持っていないから」です。私も19年前、同じ考えで知り合いの不動産屋さんに依頼しましたが、19年経った現在でも0件です。1件も連れてきてくれませんでした。このようにこのトランクルームは集客のネットワークが無いのです。じゃあ、どうすればいいのかということですが、自分で、独力で集客のネットワークを創る必要があるのです。これについては、どうやったらよいのかという集客ノウハウを第4章で説明いたします。

◆満室になるまでに時間がかかる場合がある

トランクルームの部屋を埋めるのに長い時間がかかるケースがあります。部屋数が少ないと1、2年で満室になりますが、部屋数が多いと2、3年。長いもので3、4年かかる場合もあります。なぜなら、スーパーやコンビニ、コインランドリーのように日常生活するうえで頻度の高いサービスではなく、収納に困って必要に迫られたと感じたときに「利用してみよう！」と考える人のためにあるサービスだからです。米国は普及率が10％を超えますが、日本の場合、まだ普及率も1％程度で利用者がたくさんおられるわけではありません。そのような理由で満室になるまで時間がかかるのです。満室になるまで時間がかかるのがトランクルームの最大のネックです。これが上手く回らないで撤退、廃業した業者（特にテナントの空室を抱えた家主さん）を私はたくさん見てきました。トランクルームの部屋が簡単に埋まるだろうと安易な予測でやる業者さんが多いですが、実際にやってみると長い時間を要します。時間がかかるのを我慢できない業者さんは「もうこの商売はダメだからやめてしまおう」と言って撤退してしまいます。**私の地域では19年間に11店舗がつぶれ、それらの店舗は最終的に雲散霧消しています。**トランクルームは簡単なものではないのです。

◆採算分岐点まで家賃負担が生じる

このように満室になるまで時間がかかりますので、テナントを借りてやる場合は、採算分岐点（テナントの家賃分）まで家賃を払い続けなくてはいけません。部屋の数によって違ってきますが、稼働が30～50％になるぐらいまでが目標で、ある程度の期間は我慢が必要です。対策としては、できる限り早く採算分岐点まで部屋を埋めていくこと。そして、フリーレントなどの制度を契約前に活用することです。

◆家賃滞納発生の問題と対策

トランクルームはアパ・マン賃貸と同じように家賃滞納という問題を抱えています。レジデンスは5万、10万、15万と額が大きいので重みがありますが、トランクルームの場合は家賃が5000円、8000円と賃料が廉価のため、大きな負担にはなりません。ですが、利用者が軽く考えているきらいがありますので注意が必要です。厳格な審査も必要ですが、月々の家賃入金チェックを確実にやることと滞納者への厳しい督促をこまめにやることです。私の場合はこれらのことを頻繁にやっているため、回収不能になることはめったにありません。

◆24時間管理と防犯面の問題

トランクルームは基本的にスペースを貸して賃料を得、以後は利用者が自分で管理するビジネスですが、モノを保管する商売である以上、経営側として倫理的、道徳的に防犯面で注意を払わなくてはいけません。防犯面で監視カメラの設置や入り口ドアのセキュリティ、そして月に1回の定期的な見回りは必須です。これを怠ると被害に遭遇する可能性もあります。ただ、屋外型コンテナと比較し、屋内型トランクルームの場合は、外部からの盗難事例を私は耳にしたことがありません。

◆物件の仕入れで経営の成否が決まる

土地や建物を所有している方は問題ありませんが、これらの不動産を持っていない人は賃貸市場でそれに代わる物件を借りる必要があります。そのために不動産会社を訪問したり、インターネットを利用して物件を探さなければなりません。私は当初、どんな物件が良いのか皆目見当がつかず、不動産会社からの情報を何十件も当たりました。不動産会社からマイソクを入手し、物件ごとにトランクルームのレイアウトを作成し、工事費を概算見積もりして経営計画書を作成し、その物件がトランクルームとして妥当なのかどうかを判断しました。結局、これという物件が見つかったのは半年後でした。大変な時間と労力を費やしましたが、当時は、物件の見つけ方、探し方が初体験でよくわからなかったのです。

本書を読んでいる読者の方には、私のスクールで物件の探し方や見つけ方のコツを丁寧に指導しますので、そのような無駄な時間と労力をかけてほしくないと思います。どんな物件を探したら良いのかということですが、一つだけ言わせてもらえば、稼げるトランクルーム物件とは、『**建物が古くて、かつ、できる限り家賃の安い物件**』です。

◆まとめ：トランクルームのメリット・デメリット

メリット
◆リフォーム・メンテナンス・原状回復費用が一切不要
◆アパ・マンのように入居率が建物の築年数に左右されない
◆部屋数が多いので空室リスクが分散できる
◆初期投資コストが低いため回収期間が短い
◆アパ・マンと比較して利回りが高い
◆時代に流されない生活に密着したビジネス
◆トランクルームビジネスは不況に強い
◆「賃貸経営の堅実さ」があるビジネス
◆長期間やればやるほど経営が好転する
◆市場が右肩上がりで伸びている
◆人を雇わないで一人でもできる
◆許可制必要なし
◆店舗拡大・事業拡大の可能性がある
◆高額な不動産を購入する必要がない=借り物でもOK!
◆利用者層は企業、個人など幅広い
◆定年後ののんびりやれる年金ビジネスとして有効である
◆テナントと比較して収益性が高い
◆賃貸住宅と違って権利関係のトラブルが少ない
◆立地が悪くてもインターネットなどのツールを使えばOK
◆無名ブランドでも問題はない（大手ブランドに勝てる）
◆状況によって家賃の値上げが可能
◆市場を分析しトランク家賃の相場を形成することが可能
◆節税効果がある（減価償却が短い）
◆火災の原因となる火種がない
◆お客様から感謝される（社会貢献）

デメリット
◆賃料単価少額の煩わしさ
◆独自集客の難しさ、集客ネットワークが無い
◆規模にもよるが、満室になるまでに時間がかかる
◆採算分岐点まで家賃負担が生じる
◆家賃滞納発生の問題と対策
◆24時間管理と防犯面の問題
◆物件の仕入れで経営の成否が決まる

【生徒さんの開業失敗事例1】

都内の生徒さんとZOOMを使って個別相談をしました。その個別相談でこんなことがありました。オープンして以来1か月で利用者の内覧が6件あったそうです。が、残念ながら成約が0件。仮申し込みがあってもキャンセルとか、内覧しても「検討する」といって帰ったりするケースが多かったそうです。

トランクルーム経営の場合は、アパ・マン賃貸の入居者のようにたくさんの物件を見学して品定めをするようなことはありません。なぜなら、ただモノを保管することだけが目的なので、価格以外、居住環境の良し悪しについてはさほど興味がないからです。モノさえ保管できればいいという単純な動機です。にもかかわらず、1件も決まらなかったわけです。そこで私は、なぜ利用者が内覧までしてトランクルームの部屋を借りなかったのか?ということを探るべく、この生徒さんに根掘り葉掘り、些細なことを質問してみました。

すると、利用者が決まらない大きな原因が見つかったのです。それが次頁の階段室の写真です。

このトランクルームは地下1階にあり、それに繋がる入り口の階段が築40年の古い時代のままの状態で、電気も1つしかなくて薄暗く、天井も壁も床も仕上げが無くて汚れた状態だったのです。これでは、利用者が決まらないはずです。地下1階のトランクルーム室内は、手入れされ、それなりに綺麗な状態なのに、室内へ入る手前の階段室がこのような状況で格差がありすぎる。利用者はトランク室内とこの階段のアンバランスを繊細に感じ取ったのでしょう。だから内覧に来ても決めなかったのです。後からのキャンセルも多かったそうです。

トランクルームの部屋に続く階段室

結局、利用者が決まらない原因はこれだったのです。こういう見落としは生徒さんにはけっこう多いです。まあ、初めてトランクルーム経営をやるのですから、こういう失敗があるのは仕方がないとは思いますが、それにしても、このまま気が付かないで進めていくと「最終的には撤退」というようなことになっていたのではないかと思います。早くキャッチして良かったです。

原因がわかったので、階段室を25万円かけてリフォームしたら、その後はどんどん決まり始めました。後から業者さんから聞いた話ですが、その生徒さんに「階段室はどうします？」と聞いたら、投資コストを惜しみ、「やらなくていいです」という返事をしていたそうです。（苦笑）

結論として、不動産にはそれぞれ顔があって個性があり一つ一つ違うのです。素人さんがそれを見極めるのは至難の業です。それを補うのが、私のような「プロの専門家の目」なのです。

レンタル収納ビジネススクールの「特別なコース」には、こういった手厚いサービス（個別相談）が付いていますので、安心してトランクルーム経営を開業できます。

【生徒さんの開業失敗事例2】

10期生の生徒さんから、トランクルーム店舗が満室になったという嬉しいご報告を頂きましたのでご紹介します。

竹末先生
ご無沙汰しております。10期生の〇〇です。以前、先生にご指導頂きました私のトランクルームですが、先日、最後の1室が埋まり、何とか年内に満室にすることができました。
正直なところサラリーマン業の片手間で運営していましたので、そこまで時間と労力はかけられなかったのですが、兎にも角にも満室にできたことは非常に達成感がありますね。これも一重に先生のお陰です。今後とも何卒よろしくお願いいたします。
最後になりましたが、竹末先生も良いお歳をお迎えください。

この生徒さんからは、このメールの1年前ぐらいにご相談がありました。会社員で仕事が忙しくてトランクルームの部屋が全然埋まらず、当時1室しか入っていませんでした。本人はトランクルーム店舗をオープンし、ウェブサイトを作って、ほったらかしでも部屋が埋まると思っていたようです。その甘さが原因だったようです。
そこで、私のほうから「トランクルームはそんなに甘いものではありません。本気で取り組んでください」と少々カツを入れ、様々な「集客ノウハウ」を指導したところ、1年でやっと全室が埋まりました。どの生徒さんも様々な環境で頑張っておられますが、ほんのちょっとした壁にぶつかり低迷することが多いです。

でも、わたしの個別相談コンサルで軌道修正すれば、すぐに立ち直ることがほとんどです。どこで躓いているか?どうすればお客さんからの問い合わせが増えるか?ということが19年間の経験でわかっているので、適切なアドバイスができるのです。

レンタル収納ビジネススクールはこういうアフターフォローが付いているから、皆さん成功するのですね。逆に、失敗するわけがない。私のスクールはトランクルーム経営のノウハウを教えてそれで「はい終わり!」ではありません。ここが座学形式のような他の講座と大きく違うところなのです。

【生徒さんの開業失敗事例3】

12期の生徒さんから相談がありました。トランクルームの店舗を1年半前にオープンしたが、経営が思ったほど良い方向に回転しない、芳しくないというご相談でした。そこで

現状の運営内容を聞いてみると・・・、

「インターネットやチラシ、看板など、あらゆる集客の方法を試し実践し努力したけれど、お客様が見つからない、トランクの部屋が埋まらない。問い合わせがあっても決まらない。現在、1年半でわずか10室しか決まっていない。どうやったら、集客が上手くいくんだろう？　こんなに頑張っても部屋が埋まらないのは、このビジネスは失敗したのかもしれない。こういう危機的な状況になっており、現在のトランクルーム店舗を売却、譲渡することも視野に入れている」ということでした。

確かに、ウェブや看板、チラシなどを確認してみると、他の生徒さんと比べ集客に注力しているのはよく理解できました。なるほど、集客の努力をしているが「空回り」しているのだなと思ったので、「お客様から問い合わせはあるのですか？」と聞いてみると、「問い合わせはそこそこある」と答えられました。

問い合わせは、それなりにあるのに部屋の利用者が決まらない？　このことを聞いて集客から成約までの動線が一貫した流れになっていないことがわかりました。ネックは問い合わせを受けた後の決め込みが甘いということです。
実はこの生徒さんは、お客様の問い合わせ後の内覧や契約を管理会社に任せていました。仕事が忙しく時間が取れないので、問い合わせの受付や応対、内覧、成約、契約、集金の業務を自分で行わないで、すべて外注に頼っていたのです。

さらに詳しく聞いてみると、その管理会社は大手の不動産会社で、担当店舗はたくさんの人を抱え、営業マンも10人ぐらいいるとのこと。そんな大きな組織にトランクルーム経営の一部を任せても期待できるほどの効果は得られないと推測しました。

彼ら本来の仕事である仲介業務で1つ決まれば何十万になる中で、1室5000円から1万円程度にしかならないトランクルーム管理を本気でやってくれるかどうかは疑問です。むしろ、1人か2人程度の小さな不動産管理会社に、きめ細かなお世話ができる管理をやってもらうほうが成約しやすいのではないかと思います。

それが証左に、他の生徒さんで、小さな管理会社に問い合わせから成約までを任せていて、しっかりと満室になっているケースが多々見られます。アパ・マン賃貸なら、小さな管理会社より大きな組織のほうが、窓口が広いので入居者をたくさん見つけられるでしょう。しかし、トランクルーム経営は少し違うのです。本来は、集客は私たちオーナーが全面的に責任を負い、それ以後の作業もオーナー自ら行うのが本筋ですが、時間が取れない人や物件が遠く管理できない人はそれ以降のセクションを管理会社に任せざるを得ないのですから、管理会社の選定は重要です。トランクルームをやる場合、管理会社だったらどこでも同じというわけにはいかないのです。結局、この方は管理会社を変更し、その後1年かけて部屋が満室になりました。

ということで、集客後の問い合わせの受付や応対、内覧、成約、契約、集金の業務を疎かにするとトランクの部屋が埋まらないという理由が明らかになってきました。これからトランクルーム経営をやる人は、管理会社の内部事情をしっかりと把握してから管理を任せましょう。

TRUNK ROOM BUSINESS

第4章

この方法で全国１６０を超える店舗がオープンした！

竹末オリジナル！
トランクルーム店舗を立ち上げる5つのステップ

5ステップ

ステップ1 物件を見つける

▼

ステップ2 市場調査をする

▼

ステップ3 商品を創る

▼

ステップ4 集客をする

▼

ステップ5 運営管理する

開業までの流れ

物件の市場調査

▼

事業の可否

▼

事業計画の立案

▼

開業の決定・契約

▼

トランクルーム設置
その他の工事

▼

広報宣伝活動

▼

オープン

▼

利用者集客・獲得

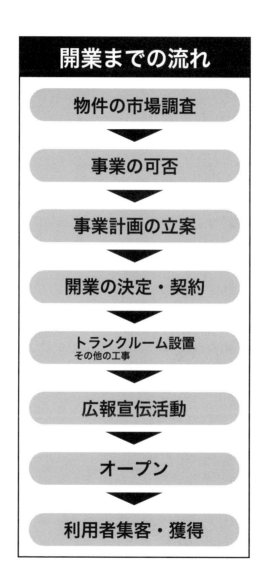

これからトランクルームを開業するにあたっては、以下の順序を踏まえて進めていかなければなりません。どの作業ステップもいい加減にやるとトランクルームの成功が難しくなりますので、一つ一つ階段を上るようにステップアップすることです。この5つのステップを理解することで、あなたはトランクルーム経営開業の全貌が掴めるようになります。

ステップ1 物件を見つける

まず、土地やスペースが無ければトランクルームは始められませんので、空いた土地や建物のスペースを賃貸市場で探す必要があります。物件を所有していない人は借りてください。私もそのような不動産を持っていなかったので、市場で探して借りました。スクールのほとんどの生徒さんも不動産を借りて開業していますので、トランクルームを準備するためのごく一般的な作業だと考えています。

では、物件を見つけるためにどんな作業をしたらいいのかということですが、物件の情報をたくさん持っているのは街の不動産屋さんです。不動産屋さんも売買や仲介が専門のところ、分譲販売が得意のところ、物件の管理のみのところなど多様に分業化していますが、賃貸専門のところが良いと思います。賃貸専門のうち、テナント物件に強いところで事業用をたくさん扱っている業者のほうが物件情報を大量に揃えていると思います。ここでのポイントは、物件の条件は「老朽化していて賃料の安いこと」です。築年数は30年でも40年でも構いません。前述したように利用者は築年数にこだわりませんから問題はありません。

続いて、インターネットで事業用物件がたくさん掲載されているポータルサイトを探して登録し、時間が空いたときにでも物件を探してください。リアルで業者を回るより、ポータルサイトのほうが物件を探しやすいでしょう。希望する条件の物件がそう簡単に見つかることはないと思いますが、辛抱強く諦めないでやることです。**ここで注意して頂きたいことは物件を広範囲で探すことです。**自分の住んでいる場所の近くを探す人が多いですが、近くに優良な物件がたくさん存在することはありません。そのため範囲を広げ、隣の町ぐらいまで足を延ばして探すことです。

■トランクルームを開業する物件の探し方・見つけ方

私自身も、日頃からインターネットや不動産屋さんに声をかけたりして物件探しには常にアンテナを張っています。世の中にはビルやテナントの貸し物件はごまんとありますが、それがすべてトランクルームとしての目的を果たす対象になるかと言えばそうはいきません。基本的に、スペースを借りてそこにトランクルームを設置し、それを一般のユーザーに小分けにして貸し出す「転貸」という仕組みになっているので、ある程度安い賃料でないと採算が合いません。実際、私も1号店をオープンする2006年当時、初めてトランクルームをやろうと思い、物件を半年以上もかけて探しましたが、なかなか思うような物件は見つかりませんでした。

賃料が低い物件じゃないと合わないということはある程度理解していましたが、どういう基準、目安になるかということは当時さっぱりわかりませんでした。そのため、何度も何度もテナント物件の平面図で物置のレイアウトを作成し、トランクルームの家賃を計算してどのくらいの「儲け」になるかを試算してみました。当時はこんな効率の悪いことを何度も何度も繰り返しながら物件を探し続けました。

そうやって、合計5物件のうちの一つ、現在も継続している1号店を苦労して手に入れたのです。余談ですが、いまでもこの店舗は2006年にオープンして現在に至るまで19年間満室に近い状況が続き、たった1店舗ですがこの間相当なキャッシュを生み出し続けています。それ以降は、2年に1店舗ぐらいの割合で出店していました。

今では、物件を見つける判断力もできていますので、あまり時間はかかりませんが、最近の一番の悩みはテナントの貸主がトランクルームという商用形態を知らないので、トランクルームをやるということだけで拒否されることです。良い物件は時たまあるのですが、不動産業者に問い合わせをすると、はなから「トランクルームとして貸すのはダメだ」と言われます。ダメな原因で一番多いのが「不特定多数の人が出入りするから」という理由です。まだ認知が進んでいない新しいビジネスはうさんくさいという見方をしているようです。

そんなときに私がやる方法は家主を説得する機会を設けてもらい、話をさせて頂くことです。写真を見せたり、現物のトランクルーム店を見学してもらったりして説得します。実際の店舗を見て体感して頂くと、ほとんどの家主さんは「そんなに悪いものじゃないのだな」と意外に良い評価に変わります。

家主への理解を得るためには何事もやってみなければわかりません。家主はまだ見たことも聞いたこともない商売だから怪訝に思うのです。人間は頭から未知のモノには良い反応は示しません。考えるだけでも面倒くさいからです。しかし、家主として空室を埋めたい、何とかしたいという気持ちは潜在的にあるのですから、借りる側の姿勢と意欲を示せば家主の心は動き、展開は大きく変わるということです。

■（竹末のケース）物件の探し方・見つけ方事例

私が、最初の物件を見つけたときの話をします。たまたま、事務所のすぐ近くのビルの1階のシャッターが下りていたテナントを見つけたのがきっかけでした。このテナントは10年以上もシャッターが閉まっていて、使う気配はまったく見られませんでした。そこで、所有者を探し、そのビルを管理している不動産会社へ行って、空いているスペースを貸してもらえないかと相談しました。すると、不動産会社さんは家主さんへ連絡を取ってくれて、貸してもらえるかどうか、お伺いを立ててくれました。幸いにも、その家主さんから貸してもいいという返事を頂きました。

それで、日にちと時間を合わせて不動産会社の事務所で家主さんと面談しました。トランクルームの経営計画書を見せながら「こういう商売をやるのでこれだけの家賃で貸してもらえないでしょうか?」と打診すると、家主さんからは「確かに儲からない商売ですね。でも仕方がないわね。この家賃で貸してあげるわ」と嬉しい返事を頂きました。そして「最初は10万円を切っていたら絶対に貸さないつもりだった」と後から付け加えました。

そんな感じでやり取りをして契約を済ませ、晴れて借りられることになった私は大喜びでした。なぜなら、相場が15万円ぐらいのテナントが自分の思い通りの家賃9万円に下がったからです。結論として何が功を奏したのか、まずトランクルーム経営の収支計画を見せることによって家賃の限界を理解してもらったこと。そして家主さんと対面し、事業に対する自分の熱意、パッションを伝えたこと。これらのことが了解をもらえた要因だろうと思います。このように最初は苦労しましたが、今では物件を探すコツというかノウハウもできてきたので、多少時間はかかりますけれど、それほど苦労しなくなりました。

追記：テナント物件は住居系と違い、交渉すれば必ず家賃が下がるケースが多いです。

■物件を探すときのテナントの立地条件について

トランクルームの立地は、トランクルームのメリットでも言及しましたが、ずばり2等立地や3等立地でも構いません。

トランクルームというと、ほとんどの人が、通常の店舗のように視認性がよく、交通量が多く、駅から近距離の立地を考えます。しかし、最低6メートル以上の道路に面していれば、奥まった立地でも、駅からの距離が遠くても、交通量が少なくても、半径1~2㎞以内の地域密着型ビジネスなので問題はありません。私のトランクルームはすべてこのような立地で開業しています。また、生徒さんも同様です。

なぜなら、ほとんどの顧客はインターネットを介してトランクルームを探してくるからです。看板などからの問い合わせも多少はありますが、インターネットからの問い合わせが圧倒的に多いです。もちろん、視認性の良い便利な立地であることに越したことはありませんが、そういう場所は得てして、テナント賃料が高いものです。目立つ場所であっても目立たない場所であってもトランクルーム家賃は変わりませんから、テナント賃料が安いほうが経営効率は良いです。

幹線道路から1本、2本入ったような道路に面する立地でも、まったく問題はありません。コンテナの場合は、コンテナそのものがランドマークとなり認知性が高いので、現地からの問い合わせが多いですが、屋内型のトランクルームの場合は建物内の奥まった場所にあるので、コンテナと同じような視認性は望めません。

また、消費者は逆に人目のつかない場所を選ぶ傾向があるようです。特に女性は、目立つ場所は人から見られて恥ずかしいという気持ちが働くようで、過去、契約時にそういう話をしていた女性の利用者がおられました。「トランクルームを出入りするのに人に見られずに済むから」というご意見でした。

ということで、店舗性の良い立地を、無理をして選ばなくてもいいと思います。そうすれば、物件を探すときの選択範囲がぐんと広がることでしょう。

■自社所有の場合とテナントを借りる場合とどちらが有利？

トランクルーム投資をやる場合、２通りの方法があります。自社のテナントでやる場合とテナントを借りてやる場合です。ただ、ほとんどの人が私と同じように物件を持っていないことが多いため、テナント物件を探さないといけません。

自社所有の場合はその物件がトランクルーム投資として適正であるかどうかについては、

判断がしにくいところがあります。トランクルーム経営を開業する上で、土地も建物も自分のものなので、物件が動かせないデメリットもあるわけです。不動産を所有していると、逆に不動産に縛られるということがあるでしょう。幸いにも、スクールを受講される生徒さんの所有物件はトランクルームに適している立地の物件が多く、過去、トランクルームが成立しないことはありませんでした。

テナントを借りてやる場合、トランクルームに相応しい物件を選択できるのがメリットです。物件を持っていない方はたくさんのテナント物件の中から自分が良いと思った立地に出せる出店方法が採用できます。

建物の維持管理やメンテナンスは、自分のスペースだけ管理すればよく、他の部分は大家さんがやってくれるので必要ありません。水漏れなど何か異変があれば、大家さんのほうで対応して頂けます。

なぜなら、建物を良好な状態に維持することはすべて家主側の責任で、家主は店子の居住する権利を護ってあげる義務と責任があり、店子は借りている環境をキープするために当然に主張する権利があるからです。こういう権利を「強み」にできることが、借りる側の立場なのです。この強みを味方にして最大限利用することが重要です。また1年に1回の固定資産税の出費もありません。

それから、不採算で、いざというときに店を閉鎖し、いつでもそこを撤退できます。自分の不動産でないので身軽です。家賃がもったいないとか出費が大きいという考えもありますが、今は所有よりリースの時代です。重荷になるような不動産を持たずに、借りてやればよいと思います。テナントを借りて、家賃を払った後のキャッシュフローが、そこそこあれば、それで十分ではないでしょうか？　その為にも物件を探すときに賃料の安い物件を探すことが重要です。

また、賃料の更新があるのを心配している方がおられますが、古いテナント物件は家主側としてテナントが入ってくれるだけでもありがたいことなので、家賃の値上げ要求は、まず考えられません。家賃は解体するまで現状維持と考えてもいいと思います。

結論として、不動産をわざわざ購入しなくても、空きテナントが巷に転がっているわけですから、良質な物件さえ手に入れれば、大きなリスク（投資コスト）をかけないで低コストでいくらでも店舗は増やせます。事業を拡大しようと思うなら「トランクルーム経営はテナントを借りてやる」という出店方法がベストだと私は思います。

コラム　融資を受ける金融機関に「投資」と言ってはいけない理由

トランクルーム店舗を開業し経営をスタートするまでの準備段階で、融資が必要なことがあります。自己資金で始める人もおられますが、手元にキャッシュが不足している場合、金融機関からの融資を受ける方もおられます。現実には市中の金融機関からトランクルームの資金を借りるのは難しいと思います。なぜなら、金融機関の融資担当者がトランクルームという事業に関し経験がなく、認識不足だからです。

私が昔から一番お勧めできる融資機関として「日本政策金融公庫」があります。日本政策金融公庫は、国が１００％出資した政府系金融機関で、地域の身近な金融機関として、創業者や小規模事業者に向けた事業資金の融資のほか、「教育ローン」などの教育資金融資を行っています。民間金融機関では融資できない事業者への融資等を行う、公的な性質を持った金融機関です。

その政策金融公庫に融資を申し込んだときの話です。

ある生徒さんが政策金融公庫へ行って事業資金を借りるとき、担当者と面接し、トランクルームビジネスのことを説明する際に、「不動産投資」をやりたいので事業資金を貸してほしいとアピールしました。結果、どうなったでしょうか？

この生徒さんは融資を却下されました。なぜでしょう？　不動産投資家の人たちが勘違いしていることを正直に申し上げましょう。それは「不動産投資」という投資が世間では、胡散臭いと捉えられていることです。政策金融公庫は「投資案件」に絶対に融資しないということはありませんが、**「投資」**という言葉にとても敏感です。ここを明確に自覚しておくことです。

サラリーマンや公務員、自営業の人が血道を上げてやっている、賃収ビルを購入し「不動産投資」するという行為は、あまり大きな声で言えるビジネスでないのです。

また、ある投資家の方が名刺に「不動産投資家」と大きな字で記載していました。この名刺、投資仲間内では理解されるでしょうが、不動産会社へ配ったり、金融機関に配っても、ほとんどの人から相手にしてもらえませんでした。

なぜなら、先ほども言ったように「胡散臭い」「訝しい」という理由からです。皆さんが思っているほど、不動産投資は世間的な評価はないというのが現実です。むしろ社会的な評価は低いです。また不動産投資家という職業もこの世の中には存在しません。もし、あるとしたら「不動産賃貸業」でしょう。

このトランクルーム事業ですが、事業をやる限りは、コストをかけリスクを背負いながらそれが事業として成立し軌道に乗せるまでのまっとうな経済活動です。そして、その活動が家主から感謝されトランクルーム利用者からも感謝され、それによる対価を頂くことで最終的に社会から評価を得られる立派な事業なのです。もちろん、レジデンス賃貸も同じように社会に貢献しているのは間違いない事実ですが。

もう一度言いますが、間違っても金融機関や不動産会社に「投資」という言葉を使わないことです。気を付けてください。相手によって「不動産投資」と「事業」という言葉は使い分けましょう。

ステップ2 市場調査をする

物件が見つかったら、その物件の市場調査をやってください。市場調査はビジネスの命運を分ける重要な作業です。おろそかにせずに時間をかけ、徹底的にやってください。基本的な地域の人口世帯数、事業所数や分譲・賃貸マンション数、用途地域などはもちろんのこと、インターネットを使って調べます。それから、特にライバルの調査は必須ですので徹底的に調べてください。ライバル店舗の家賃や稼働状況、商品構成などなど、ライバルの優劣によってマーケティングの手法が大きく変わります。

■建築基準法上の「倉庫」の用途制限と用途変更

レンタル収納ビジネス・トランクルームを始める前の基本的で重要な話です。トランクルームやコンテナを開業する場合、気を付けなければならないのは市街化区域内の建築基準法上の用途制限です。わかりやすく言えば、これらの地域で倉庫（トランクルーム）を建てても良いか悪いかということです。

屋外であっても、屋内であっても「倉庫」という用途で店舗を開業するときは、左の表のような建築制限があります。これを遵守しないと自治体の建築課から指導を受け、最悪の場合、せっかく作ったトランクルームやコンテナを撤去させられる場合もあります。

ある生徒さんからの報告によれば、駐車場に物置を並べていたら市の建築課から建蔽率違反のクレームが来て物置を撤去しろと指導を受け、すべての物置を移動したことがあったとのことです。

建築基準法上の「倉庫」の用途制限

用途地域	用途制限
第一種低層住居専用地域	×
第二種低層住居専用地域	×
第一種中高層住居専用地域	×
第二種中高層住居専用地域	△
第一・第二種住居地域	○
準住居地域	○
近隣商業・商業地域	○
準工業・工業地域	○
工業専用地域	○
※市街化調整区域	×

上記は一般的な分類となります。行政機関の指導や各行政庁が定める規則によってはトランクルームの建設が認められない場合もあります。なお、市街化調整区域には建設できません。

自治体によっては用途制限が厳しいところもあり、コンテナボックスなどは建築確認申請を出さなければ営業ができないこともありますので、注意が必要です。レンタル収納スペース（トランクルーム）は、役所では用途を「倉庫」と見ており、私たちが思っているような「スペース貸し」という感覚ではありません。

ちなみに、市街化区域でない市街化調整区域でもこういう用途の建築物は建設できません。

また、用途変更についてですが、ある建物の新築のときの使い途を別の使い途に変更するためには手続きが必要です。本来住居であった建物の内部をトランクルームに変更する際も、その用途変更の確認申請が必要になってきます。ただし、規模が200㎡（60・5坪）以内であれば確認申請は必要ありません。こちらも重々気を付けてください。

■利用者は半径500mから湧き出てくる？

トランクルームを長い間運営していると、様々な気づきがあります。最近多くなってきたことですが、利用者はトランクルーム店を中心として半径500m近辺から、ものが湧いたように次々と現れ出るのです。

この現象は、私の推測ですが…、

いつも通っている道路に面してトランクルームがあったので、「こんな便利なものがあるんだ。いつか機会があれば利用してもいいな」と常々気になっていた。それでたまたま、あるとき必要に迫られ、「そうだ、あそこにレンタルの収納スペースがあったから、一度使ってみようか？」「すぐ近くだし、歩いていける距離なので自分の住まいのクローゼット代わりに1部屋借りちゃおう」ということになるのだろうなと…。

こんなことを想起させます。

これは長くやった経営者でないとわからないと思いますが、最終的にトランクルームの利用者の構成は、半径500ｍの距離に住む人ばかりになってしまいます。しかも、短期の客ではなく、長く借りてくれる長期のお客様ばかり。10年過ぎると短期客が徐々に逃げていき、長期間居続けてくれるお客様が残るようになります。長期の経営で、こういう現象が起こってくるのが、堅実で安定したトランクルーム経営というビジネスなのです。

とはいえ、この現象は、特に人口が集積している東京都内（主要5区）で起こりやすいです。店舗を中心とした半径500ｍから来ているお客様の割合が、多いところで80％、

90％になることもあります。

その点、地方都市は少し事情が違います。ちなみに、私がやっている地方都市の店舗では５００ｍ以内から来ている人は30～40％ぐらいです。なぜ、東京都内と地方都市ではこんなに差があるのか？　考えられることは、東京都内では車の利用頻度が少なく、地方都市では車の利用が大半であることが原因の一つとしてあげられるでしょう。車で動くと活動範囲は５００ｍ程度に限られません。１～２㎞の範囲からでも難なく来ることができます。逆に、都内のように車を利用しないとなると、徒歩か自転車で５分か10分ぐらいの５００ｍ内外が限界でしょう。

このように地域の人口の過密度でトランクルームの利用度は大きく変わってくることがわかります。では、都内のように５００ｍ内外から利用者が来るということがわかれば集客はどうすればよいでしょうか？　ここで質問です。トランクルームがここにあるということをどうやって知らせればよいでしょうか？　どんな媒体を使って認知させればよいでしょうか？　考えてみてください。

コラム ライバルのいない市場を狙え

私が店舗をスタートした年は、市中でライバルがほとんど存在していなかったので、集客に困ることはありませんでした。仮にライバル店が出現しても、1つや2つ増えたところで大勢に影響はなく、また、ライバルの集客力は私の集客力の比ではないので、市場を独占しているような感じで、集客で躓くということはほとんどありませんでした。

ところが、2019年~2020年頃にかけて首都圏のトランクルーム中堅企業が進出してきて、瞬く間に全域に30店舗以上の店をオープンしていきました。このようなことは未だかってなかったことです。必然的に、私の店舗の近隣で競争する状況が発生し、以前と違い明らかに顧客を奪われることも珍しくなくなってきました。この企業、全国にたくさんある地方都市の中からこの中核都市に目を付けたようでした。さらに悪いことに、この企業はインターネット活用能力や集客力に勝っていて、マーケティングも優秀でした。

私はライバル対抗策として検索エンジンの強化やウェブでの更新などを実践していますが、19年前と比べ相手側の店舗数が多いため、希少なトランクルーム利用顧客が分散し、私にとって痛手は大きいです。毎年私はトランクルーム稼働率を算出していますが、以前は97～98％であった数字が最近は94～95％まで落ちています。このように、19年前から順調に回転していた私のトランクルームですが「好事魔多し」、予期せぬことが起きる場合もあるということです。今後の対策としては、ライバルの弱点を洗い出し、自社の強みを打ち出すマーケティングや新規キャンペーン、サービスの付加などを実施していくことを考えています。

結論として・・・相手が強ければできる限りライバルを避け、ライバルと競合しない地域を探して見つけ、そこへ出店することでしょう。ただし、相手がライバルとして弱い場合についてはこの限りではありません。

ステップ3 商品を創る

市場調査を行った後、その市場調査のデータを基に商品を創らなければなりません。その商品も様々なパターンがありますが、本書では主に屋内型のトランクルームを想定して話を進めていきます。では、「商品を創る」ということはどういうことかをご説明したいと思います。

「商品を創る」ことは、トランクルームをオープンするまでのことを指し、資金的にも精神的にも一番比重のかかる作業工程です。エネルギーを使い果たしてこれで終わったという生徒さんも多いです。ですから、やることは非常に多いです。まずトランクルームの発注と組み立てですね。それから床や壁の仕上げ、天井の仕上げ、そして照明器具取付、入り口のドアのセキュリティ・監視カメラの設置、看板設置、チラシの作成、ウェブサイトの作成などなど、やるべきことはたくさんあります。そしてこれがすべて満たされた段階で商品が完成し、オープンの準備が出来上がったと言えるのです。

このように商品を創る段階が一番エネルギーを費やす部分ですが、これも最初だけの苦労です。1店舗目というのは初めての経験ですから、わからないことばかりで右往左往することが多いでしょうが、2店舗目からは要領を得るので、そんなに大変なことではありません。安心してください。ということで、これですべてオープンの準備が整います。

■レンタル収納スペース商品の分類

レンタル収納スペースの商品は、次頁の図のように、大きく分けると屋外型と屋内型の2つに分かれます。私のトランクルームは屋内型で、物置タイプとスティールパーティションを使い分けています。全国の生徒さんも主に同じ形態の商品を使用していますが、時々、地域によっては屋外型のレンタル物置やコンテナを使っている方もおられます。商品は物件の状況や価格によって選定します。

■トランクルーム店舗をオープンするまでの工程

トランクルームのオープンは次の工程を経て進めていきます。139頁の表は工程を細分化したものです。住宅やビルなどの建物を新築するような複雑な工程ではなく、リフォーム工事なので、そんなにびっくりするような多工程ではありません。また、ここではリフォ

レンタルスペース商品の分類

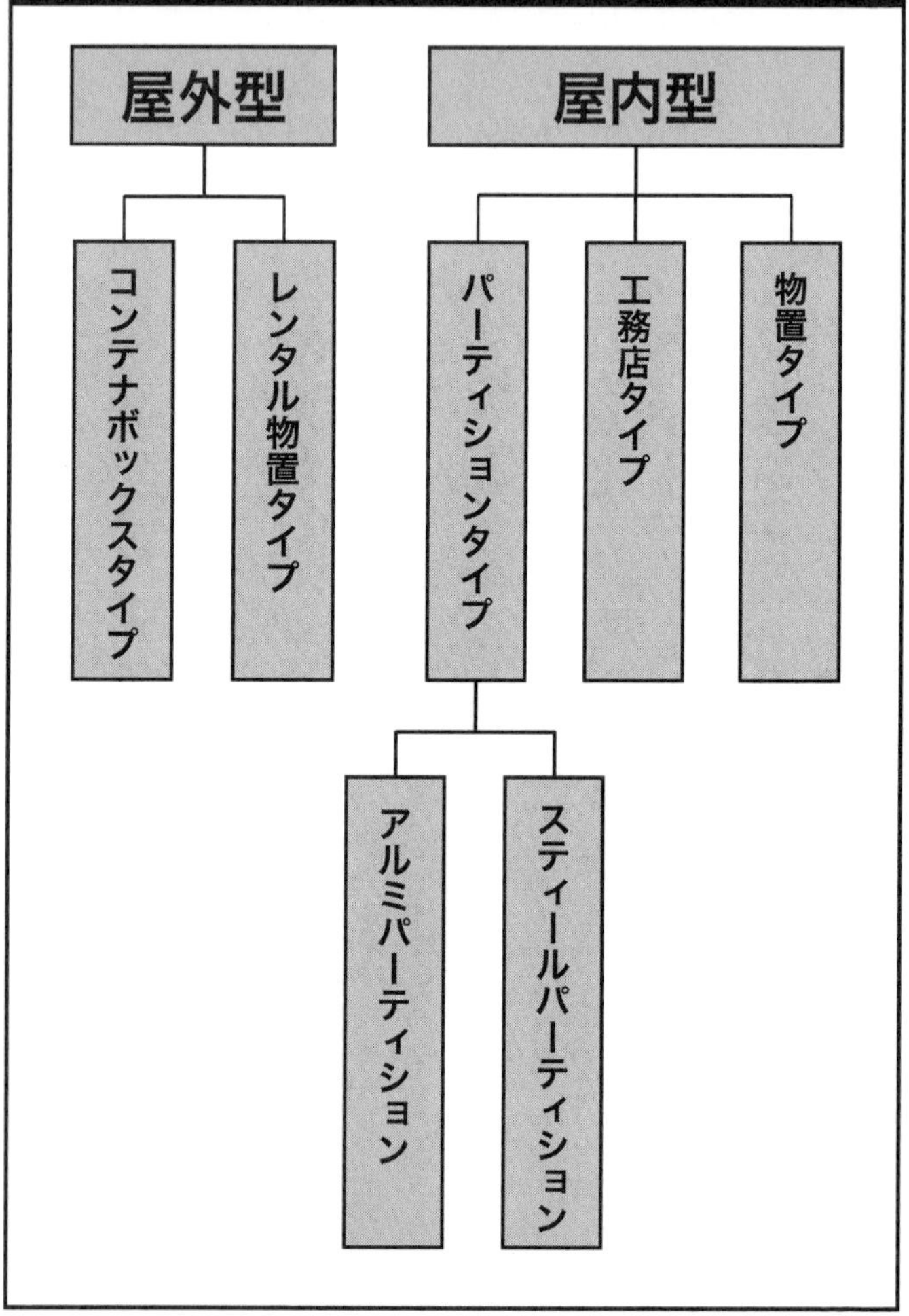

オープン準備チェック工程表1

チェック	工事・看板	1か月	2か月	3か月	4か月
✓	トランクルーム工事	検討 →	契約発注 →	工事 →	OPEN 現地案内会
✓	ドア工事	→			
	内装工事（壁・天井・床）		→		
	電気工事（照明器具）	→			
	看板工事			→	
	立て看板			→	
	のぼり			→	
	チラシボックス			→	→
	予告看板	→	→	→	
	雑工事（監視カメラ・カードキー 電子錠・エアコン・換気扇・除湿器）			→	

オープン準備チェック工程表2

チェック	販促活動	1か月	2か月	3か月	4か月
✓	折込チラシ		制作　印刷 →	配布 →	★OPEN →
✓	ポスティング			→	→
	フリーダイヤル 口座振替手続き	→			
	提携業者・店舗回り			→	
	ＨＰ作成	準備　設計 →	作成　完成 →	→	更新 →
	ＰＰＣ広告・ネット広告			→	→
	ＳＥＯ対策・ＭＥＯ対策		→	→	→
	現地案内会準備			→	
	ポータルサイト登録			→	→
	グーグル登録			→	
	相互リンク			→	→

ーム工事だけでなく、集客を推し進めるためのオフラインのツール制作やオンライン上のツールの制作準備その他、事前に準備するべき項目も併記しています。

その都度チェックボックス欄にチェックを入れていくと、スムーズに作業が進むようになるでしょう。これらがすべて整った段階で、本格的な集客活動に入ります。「トランクルームの商品を創る」のコンテンツについては、文章で説明するとかなりの頁数を割くようになりますので、特別にこの表を掲載しておきました。ご参考にしてください。

■トランクルーム工事のコスト削減

昨今の物価高で建設費が高騰しています。トランクルームのリフォーム費も例外なく3～4年前からかなり上がっています。建設費の高騰は利回りにも影響しますので、投資コストはできる限り低いほうが良いと思います。

トランクルームのリフォーム工事は住宅やビルのような大がかりな工事ではありません。屋内型トランクのリフォーム工事を細分化すると、パーティション工事、床、壁、天井仕上げ、照明器具取付、エアコン取付、エントランス入口のセキュリティ化と、たったこれだけの内容です。これらを一括して工務店やリフォーム業者に発注すると業者の利益と営業経費がかかりますので、結果高い買い物になります。

CM（コンストラクションマネージメント）を活用し、下請け業者に別々に発注しましょう。下請け業者は内装業者、電気業者、それからパーティション業者の3業種です。これだけなら単純ですから素人の方でも自分で差配できると思います。もし、業者さんを知らなければ、物件を仲介して頂いた不動産業者さんに紹介してもらえばよいのではないでしょうか？　この手法でトランクルームのリフォームコスト削減をいたしましょう。

【注】コンストラクションマネージメント（CM）：建設プロジェクトにおいて、発注者の立場でプロジェクト運営、品質管理、コスト管理、スケジュール管理などのマネジメント業務を行う手法。

■利用者から「選ばれる理由」を創る

私のところでは、トランクルームの問い合わせはいつも多いのですが、なぜ問い合わせが多いのか、理由を簡単に説明しましょう。もちろん、集客のための努力や工夫を常に怠らなく実践しているのも理由の一つですが、実はそれだけではありません。トランクルームの部屋の構成や形、料金の設定にも理由があるのです。

たとえば、部屋の大きさのバランスという点において、他店とはまったく違います。これは18年かけて実践と検証を繰り返した結果編み出した「術」で、必然的に料金もバランスを重視した設定にしています。

ここら辺が、部屋の構成や料金を考慮していない他業者とは大きく違うところです。トランクルーム利用者がトランクルームを借りようという動機を持って検索をかけたとき、自分の住まいに近い場所だけという理由で選ぶでしょうか？　否、それだけではありません。もちろん、家に近いというのが選ばれる最大の動機付けになることは確かです。しかし、利用者がトランクを借りる理由はそれだけではありません。

トランクルームを利用するお客様は経済的に余裕のある人（富裕層）ばかりではありません。中間層や低所得の人もおられます。特に地方では、富裕層は限りがあります。たとえば、家が近いという理由だけで、５０００円しか払えない人が1万円を払えるでしょうか？　1万円といえば、希望予算（払うことが可能な金額）の倍です。抜き差しならぬ理由で緊急であれば別ですが、多分どう考えても無理でしょう。利用者にとってトランクルームにそこまでの価値はなく、見栄を張って高級車を買うような動機とは違うのです。

トランクルーム経営は、利用者から「選ばれる理由を創る」ことが大切です。逆に選ばれない理由もあります。長い期間トランクルームを運営し、生徒さんの店舗の稼働状況を常時見守り続けた結果、利用者から嫌われる部屋の大きさや形があることもわかりました。

説明が長くなりましたが、問い合わせを多くするために部屋の大きさの構成や料金設定を利用者の具体的なニーズに合わせられるかということが重要な要素になります。トランクルームを開業しようと思うとき、こんな筋書きを立てて企画することが問合せを多くするコツとなるのです。たかがトランクルームと言えど、ビジネスは何をやっても奥が深いものなのです。

ステップ4 集客をする

さあ、トランクルームがオープンしました！　しかし、お客様がいなければ部屋は埋まりません。そのお客様を探して見つけるのが**「集客」**なのですね。この集客というマーケティングができなければ、どのようなビジネスも成立しません。トランクルームも同様です。利用者を集めるため、この店舗を消費者に認知してもらうためにやるべきことが

「マーケティング」という手法なのです。

■集客の仕組みは自分で作る

アパ・マン投資で、今まで管理会社に任せていた人の中には、「トランクルーム経営では集客を自分でやらなければいけない」と聞いてしりごみする人がいます。自分でお客様を見つけてくるって？・・・「どうやったらいいんだ」「そんなこと、自分にできるわけがない」と思い込んでいる人は多いです。でも、そんなに真剣に考えることはありません。スクールで何度も言っていることですが、私たちが想像する以上にお客様は巷に転がっていて、トランクルーム周辺から湧いて出てくるものなのです。そして、収納スペースで困っている、悩んでいる人たちの中から、1人ずつ拾ってくるだけです。

あなたの店舗の存在をあらゆるマーケティングを駆使して、認知性や視認性を高めて利用者を呼ぶこと。その「仕組み」さえしっかりと作っておけば、私のように何もしなくてもその仕組みが半永久的にお客様を呼んでくれるようになります。

生徒さんの中には不動産や建築、商売やマーケティングのことをまったく知らない女性オーナーさんが8人もおられましたが、そんな素人の方であっても時間をかけてトランクルームを満室にされています。だから、素人のあなたにだってできないわけがありません。

■オフラインの集客

手法として考えられる一つは、オフラインの集客ツールです。まず看板です。看板は視認性の良いところへできる限り大きく掲げ、**真正面だけでなく両側面の看板も有効です。**都内5区のような人口密度の高い、地価の高い場所は看板を出すスペースが少なく、壁面を使用するのにお金を取るところもありますので、事前の注意が必要です。看板の色にも目立つ色や目立たない色があり、しっかりと吟味することが重要です。

それからチラシです。そのチラシを新聞折込やポスティングに使用します。また店頭の壁にチラシボックスを設置し、中にチラシを入れておくと興味のある人が持ち帰ってくれます。他にも様々な媒体ツールや、私が実践して効果のあった手法があります。

①チラシの目的を間違えると効果は0！

ある生徒さんとやり取りをして気が付いたことで大事な話をします。その生徒さんは、トランクルーム店をオープンして、現地案内会を3日連続してやったそうですが、来場客が0だったそうで、かなり落胆していました。チラシを近隣へ広範囲に撒いたにもかかわらず、トランクルームを見に来る人が1人もいなかったというのは珍しいことです。

そこで、どうもおかしいなと思ってチラシを見せてもらったところ、一目見て納得がいきました。

そのチラシの内容を見ると現場案内会用のチラシではなく通常の募集案内チラシだったのです。どういうことかというと…、現地案内会を告知するためだったら、チラシを見た人にすぐにピーンとくるように、「現地案内会」というキーワードを記載しなければいけないですし、また、現地案内会を何月何日にやるのか?当日は何時から何時までやるのか?来場してくれたら、どんなものを粗品としてプレゼントするのか（オファー）?、こういったコンテンツがチラシに全然記載されていませんでした。

これでは来場者が来るわけがありません。世の中に、オープンするからといってほいほいとトランクルームを見に来るような上客さんがいると思ったら大きな間違いです。お客様はそんなに暇ではありません。せめて、このぐらい（次頁）の内容にしないとお客さんは来てくれません。

18年前のトランクルーム1号店のチラシ

このチラシは19年前に私が作成したものですが、このチラシで9人の来場者がありました。チラシの目的を明確にし、あれこれとよそ見をしないで目的を1つに絞ることです。チラシで何を訴求するかということが重要です。たかがチラシといえども、コンテンツによって効果のあるなしが決まるのです。

②サスティナブルな集客看板を目指そう！

集客上、オフラインで何年にもわたり持続的に効果のあるツールは「看板」です。特に、店舗周辺500m以内に住んでいる顧客には最大の費用対効果があります。何気なく道路を歩いていたり、車の運転中に視野に飛び込んでくる看板は、人に認知されやすい媒体ツールなのです。

そのため、看板のデザインやキャッチコピー、タイトルは工夫しなければなりません。

たとえば、
どんなキーワードを使ったら顧客に訴求できるのか？
どんな色合いだったら人間の目に飛び込んでくるのか？
字のフォントはどんなものが良いのか？

字の大きさはどのぐらいが妥当なのか？

どんな形態の看板が相応しいのか？

このように、看板のデザインや形態の良し悪しは顧客の反応に大きく影響します。10年、20年とトランクルーム経営を成功裡に継続したいなら「看板戦略」を重視したほうがよろしいかと思います。

そのためには常日頃から他の看板等を見て研究しておいたほうがよろしいでしょう。私も、過去生徒さんの看板をたくさん見てきたおかげで良い看板、悪い看板の見極めができるようになりました。

■オンラインの集客

次にオンラインのマーケティングです。オンラインでは自社のトランクルームウェブサイトを作ります。ウェブサイトを作ったら、それを周知させるために広く公開しなければなりません。広告費を出してポータルサイトに掲載したり、インターネット広告に出稿したりして公に認知させます。他にも、Googleビジネスプロフィールというマップを利用した無料サービスがありますので、それを使うと非常に有効です。最近はスマートフォンでの検索が多いので、ウェブサイトはスマートフォン対策をしておいたほうがよろしいでしょう。ウェブサイトを持たないトランクルーム業者さんがおられますが、トランクルームの問い合わせのうち、約90％がインターネットからであり、オンラインの集客は必須だと考えてください。最近は看板からオンラインで調べて確認してくる人も多いです。

こうやって、オフラインとオンラインを組み合わせてお客様を集めるのです。

インターネット集客はトランクルーム経営のかなめで、商品を創っただけでは終わりません。これを制するかどうかでトランクルーム経営の成否が決まりますので、重要な作業だと心得てください。

①トランクルーム利用者が検索するキーワードとは？

ユーザーがどんな検索キーワードでトランクルームを探すのか興味はありませんか？

次頁の表は、私のウェブサイトを訪れたユーザーがどのようなキーワードで検索をかけ、アクセスしてくれたかに関するデータです。２０１６年の８月の約１か月間の数字です。ご覧のように一番多いのが「トランクルーム　広島」で27アクセス、次に多いのが「貸倉

庫　広島」で16アクセス、続いて「貸倉庫　広島」14、「レンタルボックス　広島」14。これはあくまで、ある政令地方都市をモデルにした検索キーワードですが、「貸倉庫」というキーワードが頻繁に使われているのが注目ですね。店舗名で検索が多くなれば、自社店舗の認知が進んでいるということです。さあ、こういうキーワード検索が把握できたら、次はこのデータをどう活用するかですね。考えてみてください・・・。

　トランクルーム経営は地域密着型の商売ですから地域名は非常に重要です。トランクルームを借りたいと考えている見込み利用者は、目的となるキーワードだけでなく、地域を

アクセス解析

（キーワードランキング：2016.8.18〜9/18）

順位	キーワード	訪問数
1	トランクルーム　広島	27
2	貸し倉庫　広島	16
3	貸倉庫　広島	14
3	レンタルボックス　広島	14
3	広島　トランクルーム	14
6	レンタル倉庫　広島	12
7	貸倉庫広島	11
8	広島　貸倉庫	10
9	レンタルボックス広島	9
10	トランクルーム広島	8
10	マイボックス２４	8
12	コンテナボックス広島	6
12	貸倉庫　広島市	6
12	レンタルスペース広島	6
15	広島市　レンタル倉庫	5
15	広島市レンタル倉庫	5
15	広島市貸しトランク	5
15	トランクルーム　宿泊	5
15	レンタル倉庫　広島市	5
20	マイボックス24	4
20	佐伯区　レンタル収納	4
20	広島貸し倉庫	4
20	貸し物置　広島	4
20	広島市中区　貸し倉庫	4
20	レンタル倉庫広島	4
20	レンタルコンテナ　広島市東区	4
20	広島の貸し倉庫	4
20	トランクルーム　広島市	4
20	貸しトランク　広島	4
20	本　倉庫	4
20	広島市　トランクルーム	4
32	荷物　倉庫　広島	3
32	ロッカー　広島市中区　貸	3
32	屋内レンタルボックス　経営	3
32	コンテナボックス　広島	3
32	広島市西区図書館	3
32	レンタル収納庫　広島	3
32	広島市西区のトランクルーム	3
32	http://mybox-24.com	3
32	mybox24.com	3
32	広島市の貸倉庫	3
32	安佐南区　レンタル倉庫	3
32	トランクルーム広島市	3
32	広島　ロッカー　貸し	3
32	広島　倉庫賃貸	3
32	貸倉庫　広島　コンテナ	3
32	広島　レンタル倉庫	3
32	広島市東区　レンタル倉庫	3
32	広島県　貸し倉庫	3
32	レンタルボックス　広島市安芸区	3

意識するはずです。そのため、「地域名＋キーワード（トランクルームなど）」で検索をかけてくるでしょう。地域名を含んだキーワードを抑えておけば、検索をかけたときに検索結果画面に表示されやすくなります。そして、自分のウェブサイトがクリックされると問い合わせに繋がる、という流れになります。このように、検索キーワードはインターネットマーケティングの非常に重要なＳＥＯ対策になるのです。

【注】ＳＥＯとは、Search Engine Optimization（検索エンジン最適化）の略です。具体的にはGoogleなどの検索エンジンで特定のＷｅｂサイトの上位表示や露出を増やして、検索結果からユーザーの流入を増大させる施策のことです。

②オンライン集客の助け船Googleビジネスプロフィール

コロナで行動制限のかかった消費者たちが外出する際、まずはGoogleマップで情報を得ることが習慣化したことで、「Googleマップのほうが、調べるのが早いね」と、消費者にGoogleマップの利便性を気づかせてしまったのです。

実際、ユーザーの調査結果でもポータルサイト（ホームズ・Eトランクなど）の利用者は減少傾向にあり、Googleマップの利用者は増加傾向に転じています。つまり、「どこに行くか？」という消費行動において、従来は、ＳＮＳやホームページ、ブログなどが店舗の「入り口」だったものが、コロナを機に、店舗の「入り口」が「地図」になってしまい、その結果、店舗のランディングページのような役割をするのが、すべての情報が網羅されている「Googleビジネスプロフィール」になってしまったのです。ちなみに、2021年の11月に「Googleマイビジネス」から「Googleビジネスプロフィール」に名称が変わりました。

このビジネスプロフィールはお金のかからない広告媒体で、MEO対策の自助努力をすることによって、いくらでも上位表示が可能で見込み客を呼び込めるのです。まだこの無料の広告媒体に気づいていないライバル業者さんがたくさんいるので、今がチャンスかもしれません。

【注】MEO（Map Engine Optimization）は「マップエンジン最適化」の略で、Googleマップなどの地図の検索結果で上位表示を狙い、自社のビジネスを見つけやすくする施策のことです。

■トランクルームを成約するためのセールス話法

ある地方都市のことですが、オープンして1か月が経ち、10件の問い合わせが来たまでは良かったのですが、その後、「1件の成約もなかった！」という生徒さんからのご相談でした。10件の問い合わせがあって1件も決まらないというのも珍しく、たぶん、申し込みをするのに何らかの障壁があったのではないかと思われました。

そこで、いろいろ話を聞いてみると、内覧の後、お客様へのプッシュが足りなかったことがわかりました。「プッシュ」というのはお客様の背中を押してあげることです。

お客様にトランクルームの室内を見せて、「はい、おしまい」というわけにはいきません。それだけだったら、小学生でもできます。この部屋を借りるのか、借りないのかという意思表示の確認が大切だと思います。なにも強気にセールスをしろ、無理やり契約を急がせろ、ということではありません。借りる気があるのかないのか、それを本人に直接聞くだけでも成約率は大きく違ってきます。

それは簡単なことです。内覧を一通り済ませ本人が納得した最後に、**「どうされますか？」と一言聞くだけ**でお客様の判断力を問い、成約率が上がるのです。簡単でしょう？　黙ってトランクの部屋を見せるだけでは、お客様は決定してくれないのです。ちょっとした気配りや工夫が成約率を上げていきます。

それからしばらく経って、その生徒さんからメールがあり、その後すぐにお客様から返事をもらって2件決まったということでした。心配しましたが、良かったですね。

スクールでは、私が長年培ってきたセールス話法が他にもありますので、すべて公開したいと思います。

ステップ5　運営管理をする

問い合わせから契約までの要領としては、以下のような流れになります。

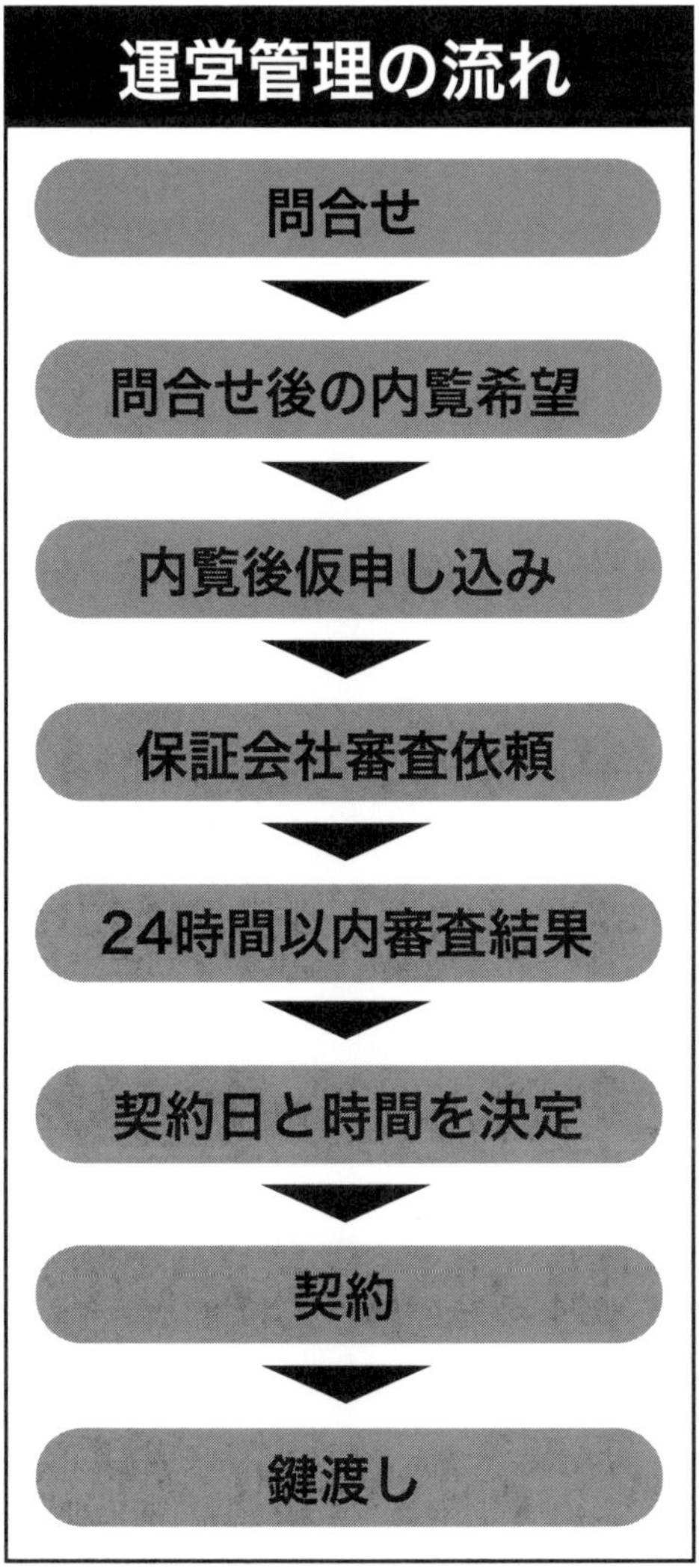

満室になっても利用者の退出がありますので、その後もウェブサイトの更新などは継続する必要があります。さて、トランクルームは、そのデメリットとして申し上げたように部屋を埋めるのに時間がかかりますが、毎月少し少しずつ埋まっていき、必然的に契約した利用者からあなたの口座に家賃が入ってきます。そのため、通帳の入金チェックは毎月初旬に必ず行ってください。以前、ある企業の経営者が担当者に任せていたら、1年間ノーチェックだったため、滞納者が何人も発生していたという笑えない話がありました。そんなことにならないように定期的な入金チェックは怠らないようにしましょう。

■運営管理の一部を自動化する

前頁の図では対面契約を前提にしていますが、契約業務のやり取りは郵送でも可能です。会社員のオーナーさんは、夕方以降とか土日など勤務外の時間を使って内覧や契約業務を行っているようです。

内覧についてですが、内覧を希望する人は9割ぐらいの確率で存在します。やはり大きさを確認しないと借りないようです。しかし、外注を上手に使ってやれば、サラリーマンでも管理をこなせることが可能です。たとえば、時間を持て余している年金暮らしのご両親や親族にお願いしている方もおられます。また街の不動産会社にお願いしてもよいと思います。便利屋さんに内覧、立ち合い、仮申し込みまでをお願いしている方もおられました。このように自分ができないことは外注するほうが得策です。鍵を開けて部屋の中を見せるだけで、難しい作業ではないので小学生でもできます。

それから、内覧するお客様のためにスマートロックという遠隔操作ができる機械もあります。元々不動産管理会社が利用していたものですが、これを応用して監視カメラとスマホで内覧ができますので、遠方からでも操作ができて内覧が可能になります。

■保証会社を利用しないで自分で決める

保証会社も使わず、自分で審査して決めているオーナーが意外に多いのに感心します。利用者の審査にはある一定の法則があり、1年ぐらい経験を積めばどなたでも審査ができるようになるようです。また、利用者の選び方は、私の失敗した経験からですが、起業したばかりの若い人とか年金暮らしの高齢者、フリーター、派遣社員、無職の人たちは避けたほうがよろしいでしょう。

やはり、一番堅実で安全な対象はサラリーマンや公務員さんです。契約する場合は運転免許証、健康保険証のコピーを必ず取るようにします。通常のトランクルーム業者は運転免許証のみで審査しますが、私は必ず健康保険証を提出してもらいます。なぜなら、健康保険証は企業名の確認ができ、その企業に従属している証だからです。これを抑えておくことは滞納防止に強いです。

■家賃値上げのコツ

アパートやマンションの家賃の値上げは時代的に難しいものがありますが、トランクルームの場合はそんなに難しくありません。先にも触れましたが、試験的に過去の生徒さんにやってもらったところ、意外と簡単に利用者は家賃値上げに応じてくれました。応じてもらえず退出する人は100室に1人程度の割合と思われますので、大きな損失にはなりません。ほとんどの人が仕方なく家賃値上げの通告に同意します。また、値上げ通告が難しいと思われる人は、時機をみてウェブサイトの料金表を書き換えれば、退出があるたびに1部屋ずつの家賃が上がりますので、それを繰り返していけば長期間で総家賃がアップします。昨今は物価高騰の時代ですから今がチャンスです。

■空き待ち予約を受ける

満室になれば、問い合わせがあっても断るようになり、大きな機会損失になります。そんなときに「空き待ち予約」を受けて、部屋が空いたときに、空きを待っているお客様へ連絡してあげれば3人に1人は反応します。こうやって、あなたのお店は行列ができるトランクルームとなるのです。

■短期客は受け付けない

トランクルームやコンテナなどの収納サービスでは、数か月単位の短期で借りたいというお客様は多いです。問合せが10件あれば2〜3件程度は6か月以内の短期のお客様です。オープンして間もない頃は部屋を埋めるのが第一優先課題ですので、短期で借りたいお客様も受けますが、ある程度埋まってきたら、私は短期客を受けるのはお断りしています。なぜなら、長期のお客様から問い合わせが来たときに希望する大きさの部屋が埋まっていたら、そのお客様が逃げてしまうからです。上客となる長期のお客様を短期のお客様のために逃すのは機会損失になります。最終的に、出入りが少なく、トランクルームが長期のお客様で一杯になるのが理想の状態です。トランクルームは目先のお金より継続的な安定経営が一番だと私は思います。

■初期費用について是か非か?

トランクルームやコンテナの業者の中には、最初に収納スペースを借りるとき、敷金や礼金、更新料を条件にしているところがあります。他にも事務手数料や保証料を取るケースもあります。**これらの初期費用は不動産業界の悪習**であり、利用者からそれについて不平や不満をたびたび聞かされます。利用者にとって初期費用は大きな負担となっているようです。

そこで、私はこれを一切廃止し、初期費用を完全【0】にしています。時々お客様からの問い合わせで「家賃以外の費用はありますか?」と聞かれますが、そのとき**「うちは家賃のみです。他は一切頂きません」と胸を張って答えています。**私の経験では、利用者の志向を考慮して初期費用【0】のほうが決まりやすいと思います。最近は、他業者さんも初期費用0!と謳っていますが、内容をみると家賃に別途費用を加算しているようです。

■トランクルームで目指す目的は長期安定収入

初期費用に関連して、もう一度トランクルームをやる原点を思い起こしてみてください。私たちが、トランクルームをやる意義は、長期的に安定した月々の定期収入を得ることが目的でしたよね。それが大きな目的ならば、初回に利用者からあぶく銭を頂いたところで何になるのでしょうか？　目先のお金より10年後のお金のほうが大事だと思いませんか？
利用者に初期費用など、あれもこれもとたくさん払わせると、後日の印象が悪くなります。ひいてはそれが利用者の退出に繋がるのです。要らないものは頂かないというスタンスでトランクルーム経営を成功させましょう。

■老朽化による空室の増大や家賃の低下はあるのか？

次頁の表は私のトランクルーム４店舗の毎年の稼働率です。実際には２００６年から店舗運営を始め、現在に至りますが、このデータを作り始めたのが２００８年ですからそれ以前のデータは残念ながら取っていません。しかし、トランクルーム経営15年間の平均稼働率は96・７％で毎年94～98％の稼働率で推移し、常にほぼ満室に近い稼働です。

トランクルーム経営はアパ・マン賃貸経営のように長期空室を心配したり、総家賃の低下で悩まされることはありません。実は、これは部屋数の数字の稼働率であり、実際には３０００円クラスの小さな部屋が幾つか空いているだけで、空室率が３～４％でも家賃が低いため、総売上に大きな影響はまったくありません。満室時の家賃に近い金額が入ってきます。毎月定期的に入金される売上に大きな変動はないということです。

トランクルーム経営は「賃貸住宅経営の老朽化による空室の増大や家賃の低下」を考える必要もありません。なぜなら、**老朽化して室内が古くなっても稼働率には影響しないからです。**利用者にとって保管スペースの新旧は、室内の傷等がない限り、さほど気にならないようです。ちなみに6か月以内の短期の契約は一切カウントしていません。

過去15年間の稼働率推移

	総月室数	空月室数	空室率	稼働率
2008	516	1	0.1	99.9
2009	516	7	1.3	98.7
2010	840	4	0.4	99.6
2011	840	3	0.3	99.7
2012	840	2	0.2	99.8
2013	858	42	4.9	95.1
2014	912	21	2.3	97.7
2015	912	26	2.8	97.2
2016	912	19	2.0	98.0
2017	1692	42	2.4	97.6
2018	1692	43	2.5	97.5
2019	1692	33	1.9	98.1
2020	1692	93	5.4	94.6
2021	2496	151	6.0	94.0
2022	2484	136	5.5	94.5
合計	**18894**	**623**	**3.3**	**96.7**

竹末の場合は、
6か月以内の短期契約は一切なし！

■入居後の管理について

入居後の管理については、利用者の入金チェックだけは毎月、月の初めに行ってください。収納スペース内については、室内であれば、ほとんど汚れることがないので掃除・清掃は月1回か、2か月に1回程度で問題ありません。管理状態を良くすれば良くするほど利用者はきれいに使ってくれます。突発的なトラブルですが、何か異常があれば利用者が報告してくれます。

コラム

コロナの影響!トランクルーム宿泊?

東京の生徒さんから、トランクルームを借りている利用者が宿泊しているという報告がありました。その利用者は自営のコピーライターさんのようで、普通免許と健康保険など細かくチェックし精査したにも関わらず、当初から寝泊まりするつもりで契約したらしいです。どうも確信犯のようですね。もちろん、トランクルーム室内での宿泊行為は契約違反です。ただ、家賃はまだ滞納していないようです。聞くところによると、このコロナ禍のご時世で仕事を失い、路頭に迷った末、このトランクルームにたどり着いたようです。

室内は新築ビルの1階で、中もきれいだし、照明もあり、エアコンも効いているので夏の暑さも逃れられ、さぞかし快適に過ごせただろうと思われます。住むところが無ければ、この手のトランクルームは彼らにとって最高の宿泊施設になります。

家賃は月1~2万程度で1日に直すと500~600円ぐらい。敷金、礼金、仲介手数料なし。24時間出入り可ですが、めったに人は入ってきません。細かな規制等もありませんし、廉価な緊急避難場として最高のスペースだと思います。

ユーチューブなどで「トランクルーム宿泊」というキーワードで検索すると、そういう輩が室内で過ごしている動画がたくさん出てきます。これをみても、当人にとって罪悪感はないのではないかと推察できますね。気軽に借りられるトランクルームは、ホームレスさんにとってこれほどありがたいものはないのではないでしょうか。

TRUNK ROOM BUSINESS

第5章

トランクルーム経営を実践された方の成功実例

２０１１年３月からスタートしたトランクルーム経営スクールですが、現在までの13年間で18期が開催され、約３５０名の生徒さんが受講されました。現在私が把握している店舗のみでみても、南は沖縄の那覇市、北は北海道の札幌市と、全国で１６２店舗が開業されています。そして、副業の会社員さん、主婦さん、個人事業主さん、法人さんまで、あらゆる方が成果を上げています。最多店舗数は６店舗。成功率は99％。現在までに撤退した店舗はなく、本気で取り組む意志さえあれば、失敗するリスクは皆無といってよいでしょう。また、２店、３店と増やしているポジティブな生徒さんも多いです。ここでは実際に店舗をオープンされ、現在も安定的に運営されている生徒さんの成功者11名をご紹介します。

●事例１　Ａ氏　男性58歳　公認会計士　東京都内
トランクルーム経営歴10年　１店舗　部屋数１６５室　満室時売上２４００万

Ａさんは、本業の傍ら東京都内で小規模な４階建オフィスビルを経営していました。が、立地が最寄の駅から10分以上と距離があるためテナントが次々と退去し、空室が多くなってきて大変困っていました。そんなとき、インターネットで私のトランクルーム講座があることを知り、早速申し込みをされました。講座が終了して間もなくビルの地下で実験的にトランクルームを開業されました。すると、6か月ほどで35室が満室になったのです。これに気をよくしたAさんは1階、2階、3階と次々に事務所からトランクルーム用途へとコンバージョンし、ビル全体をトランクルームビルにしました。その後も順調に部屋が埋まってゆき、現在では10年間継続して165室満室状態が続いています。最近は家賃も10％値上げし、一気に家賃売上が増えたそうで、「本業の第2の柱として始めたこのトランクルーム事業に大変満足している」と言って、とても喜んでおられます。

●事例2　B氏　男性45歳　不動産経営　長崎県長崎市
トランクルーム経営歴12年　4店舗　部屋数213室　満室時売上2600万

Bさんは、地方都市で所有しているスーパーマーケットが入っていたテナントビルからテナントが退出し、100坪の建物全部がごっそりと空いて悩んでいました。そこで、東京のトランクルームのFC業者に問い合わせたところ、立地が悪いからという理由で却下されました。困ったBさんはインターネットでトランクルームの経営ノウハウを教える私のスクールを見つけ、すぐに申し込みをしました。6か月間のスクールを受講し、トランクルームを開業するノウハウを身に着けたBさんは、広い室内を5回に分けて少しずつ増設しながら部屋を埋めていきました。最終的には4～5年かけて、ついに130室満室まで漕ぎ着けたのです。長い道のりでしたが、コツコツとやった努力が実ったのです。その後のBさんは自社ビルの空室を埋めるために2店舗、3店舗、4店舗と増やしていきました。一度はFC業者に断られたトランクルームでしたが、地方都市で悪い立地にもかかわらずここまで事業を成長させたのは立派です。現在もトランクルーム店舗をさらに増やすべく、物件探しに日夜努力されています。

●事例3　C氏　女性55歳　大学講師　神奈川県川崎市
トランクルーム経営歴9年　1店舗　部屋数53室　満室時売上600万

Cさんは、不動産経営は経験したことがありません。自分の将来の老後生活を危惧し、副業として第二の年金として、トランクルーム経営に参入しました。アパ・マンも検討しましたが、投資コストが大きいのでリスクが高いと感じたそうです。そこで、副業として取り組みやすく、すぐにコストを回収できるようなビジネスを探していたときに、トランクルームに巡り合ったのです。物件を見つけて開業するまでは、不動産の知識もなく大変苦労されましたが、私の専門的なアドバイスを受けながら開業準備を進め、オープンしてから2~3年すると軌道に乗って満室になりました。それ以後も満室稼働が続いています。今では資金を出してくれた実母への仕送りができるようになり、トランクルームが生活の糧となっていて「本当にやって良かった」と思っているそうです。

●事例4　D氏　男性52歳　トランクルーム経営　東京都内
トランクルーム経営歴7年　6店舗　部屋数280室　満室時売上3400万

Dさんは元銀行員で、不動産投資をやりながら、コインパーキングや民泊などにも挑戦しましたが、どのビジネスも上手くいかず、儲けがあまり出ませんでした。さらに、今後のレジデンス賃貸は金利上昇や老朽化の問題を考えると市場的に厳しいと見ていました。トランクルームには以前から興味があり、知識取得のために私のスクールを受講しました。受講して3年が経ち、たまたま良い物件を借りることができたので、忘れかけていたトランクルームをやってみることにしました。全部で45室ありましたが、順調に部屋が埋まり1年半で満室になりました。今までやってきた投資と比較し投資効率が良く、手間がかからず儲かるということに気づいたDさんは、引き続き物件探しを継続し、2店舗目を開業しました。その後、東北地方のある町で2店舗開業し、**トランクルームはリモート経営が可能だとわかり、**わずか7年で6店舗も所有することになりました。今後は不動産投資や他ビジネスなどに参入しないで、トランクルーム専業でやっていこうと思っているそうです。現在も1年に1店舗を開業し、将来的には10店舗を目標に、日夜物件探しに余念がありません。

●事例5　E氏　男性51歳　会社員　大阪府大阪市
トランクルーム経営歴10年　2店舗　部屋数72室　満室時売上960万

Eさんは企業にお勤めで、会社員をやりながら副業を目指し、私のスクールを受講しました。当初、物件は探していたのですが、これといった物件が見つからなかったので、分譲マンションの店舗区画を購入して、トランクルームをやることにしました。しかし、分譲マンションの管理組合は施設に対して様々な規制があり、計画を妨げることもありました。でも、なんとか一つずつクリアしてオープンに漕ぎつけました。開業するに当たって、ご本人は会社員なので時間的な制約がありました。そこで、内覧や受付のみを実家のお母様に協力してもらい、その後の契約業務や管理は仕事終了後や土日を使ってこなしました。

もちろん、事務所などありませんから、契約やそれ以外の手続きは郵送か店舗内の机で処理をしました。その後、時間はかかりましたが、2年後についに満室になりました。サラリーマンでも十分トランクルーム経営ができることがわかったので、また1店目と同じように分譲マンションの店舗区画を購入して2店舗目を開業したのです。2店舗目も順調に部屋が埋まり、現在では副業としてはかなりの収益になっています。サラリーマンという時間的な制約がある環境で、外注やサポートしてくれる人を利用しながら、業務をこなしていくことができるトランクルームビジネスを選択して間違いなかった、と確信されています。

●事例6　F氏　男性49歳　会社経営　東京都内
トランクルーム経営歴8年　4店舗　部屋数120室　満室時売上1800万

Fさんは先代から引き継いだ資産を経営していましたが、レジデンス賃貸のマンションが老朽化したり、近辺で競合物件が増えて「このままではマンション経営は立ち行かなくなるのではないか」と先行きに不安を感じていました。そんなとき、近隣にトランクルームがあるのを発見し、大変興味を持ちました。そしてトランクルームについて研究し、インターネットでスクールが開催されているのを見つけ、すぐに申し込みをしました。受講後、幸いにもすぐに物件が見つかり、早急に開業したところ、1年もかからずに満室になりました。以後は2店、3店とテナントを借りて増やし、4店舗目は自社土地にトランクルーム併用4階建賃貸ビルを建設しました。同じような形態でトランクルーム5店舗目ビルを今年（2025年）建設する予定です。レジデンス賃貸を補うトランクルームビジネスをやり始めて本当に良かったと満足しています。

●事例7　G氏　男性43歳　会社員　埼玉県ふじみ野市
トランクルーム経営歴6年　1店舗　部屋数35室　満室時売上480万

Gさんも長年企業に勤めているサラリーマンでしたが、将来的な老後不安があり、一念発起して副業としてトランクルームをやることにしました。スクールを卒業して物件探しに走りましたが、知識がないため不動産屋さんに変な物件を掴まされ、一時は契約解除のトラブルに巻き込まれました。幸い工事に取り掛かる前で、事なきを得ました。そういった苦労がありましたが、あきらめずに物件を探していたところ、立地が良く視認性があって賃料の廉価な物件を見つけ、その物件を借りてトランクルーム35室を開業しました。トランクルームの管理は自主管理で、勤めをしながら空いた時間（土日・終業後17時以降）を使って集客から運営管理をされています。満室になるまで時間はかかりましたが、現在は満室状態が続き、サラリーマンの副業としては大成功だったのではと思います。

●事例8　H氏　男性62歳　宝飾業経営　静岡県浜松市
トランクルーム経営歴7年　2店舗　部屋数140室　満室時売上1200万

Hさんは、先代から家業を引き継ぎ、長年宝飾業を営んでいました。本業の成長があまり見込めない中で本業を補う第二の柱として持続可能性のある事業を考えていました。不動産投資（マンション）や太陽光発電も取り組みましたが、期待できるほどの利益は出ませんでした。そんな中、トランクルームという利回りの高いビジネスがあるということを知り、スクールを受講したのです。受講後、物件を購入することも考えましたが、スクールで、借りてやったほうが効率良く稼げるという話も聞いていたので、テナント物件を探し始めました。半年の時間がかかりましたが、テナント物件で貸し倉庫が見つかり、バイク駐車場も含め47室を設けました。３～４年でトランクルームは埋まりましたが、バイク駐輪場が、予想外に人気があり、ニーズがあることがわかりました。そこで次は、隣の町でテナント物件（貸し倉庫）を見つけ、2店舗目93室（バイク駐輪場8室）をオープンしました。今回もバイク駐車場が先に埋まり、その後トランクが埋まっていくような状況です。「2店舗目も時間はかかるでしょうが、焦らずに忍耐強く満室にしたいと思います。第二の事業の柱としてトランクルームを選んで本当に良かったと思います」と感想を述べられています。

●事例9　I氏　男性46歳　不動産会社経営　愛知県名古屋市
トランクルーム経営歴6年　5店舗　部屋数108室　満室時売上2200万

Iさんは、スクール受講の1年前に、あるFC系の企業でトランクルーム店舗2店をスタートさせました。2店舗とも自分の所有するビルで、1階のテナントが空室になり、困ってこのFC業者さんに相談したところ、安心して任せられると思い、FCに加盟しました。加盟後2店にすべての資金を投入し、FC企業の言うがままに開業、オープンしたそうです。しかし、オープンして1年経っても集客がままならず、1つの店舗で2室のみ、もう1つの店舗は1室も埋まりませんでした。1年間で2店舗合わせて2室のみです。FC業者に連絡しても「集客を頑張っています」という返事ばかりで、一向に空室についてのは改善されませんでした。このままでは埒が明かないと読んだIさんは、思い切ってそのFCとの契約を解除し、たまたまインターネットで見たトランクルームビジネスの講座に申し込まれました。講座に入会して新たに勉強し直し、FCとの関係を切って再スタートを図ったのです。

6か月間の講座を修了し、すぐに店舗経営の改善をしました。前FCの既存の看板を取り替えたり、HPを作ったり、チラシを作りポスティングもやりました。講座で習ったすべてのことを忠実に実践したところ、スタートした直後から問い合わせがあり、わずか半年で40室中20室以上、もう1つの店舗も11室中5室と好調な稼働状況になりました。今まであれだけ部屋が埋まらなかったFCのトランクルーム経営は、一体何だったのだろうか、とご本人も驚いておられました。結局、すべてを他人に任せても、トランクルーム経営というビジネスは期待するほど上手く回らないということ。依存心を捨て自助努力するということを、Iさんはこの講座で学んだのです。その後2店舗の増設と新たに2店舗を開業し、計6店舗140室に拡大されました。テナントの空室の有効利用にはトランクルームがベストマッチングだとおっしゃっておられます。

●事例10　J氏　男性48歳　会社員　長野県長野市
トランクルーム経営歴3年　1店舗　部屋数51室　満室時売上520万

Jさんは会社に勤めながら、不動産投資に興味がわき、その中でトランクルーム投資に心が魅かれました。そこであるストレージFC業者から、都内にあるトランクルーム投資物件を購入しました。しかし、大きな投資をしたにもかかわらず、やってみたものの、1年数か月経っても、トランクルームの部屋が埋まらず、テナントの家賃や管理費、電気代、広告費、ロイヤリティーなど毎月数十万の負担を強いられ、赤字が1年以上も続きました。

「このような失敗をした経緯があったので、今回、竹末さんのスクールを受講して指導を受け、すべて自分で運営して再スタートを切ることになりました。竹末先生の指導を受けながら言われたとおりに開業を進めたところ、現在では2年が経ちトランクルーム稼働状況も順調に進んで満室が近くなりました。トランクルーム経営を他人に任せず、すべて自分でやって本当に良かったと思っています。時間的な拘束のある会社員の立場でも可能なこのトランクルーム経営は、お勤めの方にもお勧めできる副業だと思います」

●事例11　K氏　男性51歳　自営　岐阜県岐阜市
トランクルーム経営歴5年　2店舗　部屋数78室　満室時売上870万

この生徒さんは、私が教えた集客マーケティングに関するすべてのことを愚直に実践した結果、現在のようなすばらしい結果が出ています。なかなか行動ができない人が多いなか、彼の一言一言を注意して読んで頂ければ良いヒントが見つかるのではと思い、掲載させて頂きました。

Kさんは13期研修生の方で、岐阜に住みながら名古屋でトランクルームをオープンし、現在は2店舗とも常時満室にされています。この生徒さんは私のスクールでは優等生で、私の教えたことを忠実に実践して頂きました。

「いつもお世話になっております。Kです。4月12日にオープンして、5か月が経ちました。1か月の問い合わせ1件、契約0なんて月もありましたが、自分の設定した最低目標、月3～4件の契約というのも、なんとか達成できています。現在の契約数18、現在見学の予約数2です。今月からやっと黒字になりそうなので、2店舗目の物件をもうそろそろ探そうかと思っています。先生のブログにも書かれているように、最初は小さい収納庫の問い合わせが多かったのですが、小さい収納庫が満室になったおかげか、1帖以上の部屋も埋まり始めました。1・7畳部屋も契約できました。来週の見学予約は2畳の部屋の見学です。初めて法人さんとの契約ができるかです。12月から4月のオープンまでは何かと忙しかったですが、今では嘘みたいな時間が流れています。見学のとき私は、○○県から○○県まで出ていかなければいけませんが、自宅近くに店舗があれば、なんて効率の良い商売なんだと思います。先生に出会えて、色々と教えて頂けて本当に良かったと思っています。本当に感謝の一言です。ありがとうございました」

※他にも13年間に培った、多くの生徒さんの成功事例がありますが、紙面の都合でここまでとさせて頂きます。

TRUNK ROOM BUSINESS

第6章

これだけは知っておきたい トランクルームQ&A 20選

この章では、過去に私の元に寄せられた、様々なトランクルーム運営に関する質問をご紹介します。非常に重要と思われる内容を厳選しましたので、ぜひご一読ください。

Q 物価高を理由に家賃の値上げは可能ですか？

A：できます。

それも、皆さんが考えている以上に簡単です。

円安、原材料価格の高騰などの要因が重なり、諸般の物価が高騰しています。日本の消費者物価は2024年6月で前年同月比2・6％上昇し、40年ぶりの水準だとか。インフレが止まらないようです。それに伴って、便乗値上げも発生しています。物価高騰の煽りを受け、都内の賃貸住宅やオフィスの家賃も一部で値上げをしているところも散見されています。そのような社会現象が起きているなか、トランクルームの家賃も、業者の中には値上げに踏み切ったところもあるようです。特に、東京の業者さんは地方と比べ合理的ですから、家賃の値上げを躊躇することなく実行します。このトランクルームの家賃の値上げですが、実態はどうなのでしょうか？

ほとんどの方は、家賃を上げる通告をすると借主が憤慨して逃げてしまうのではないだろうか?と疑心暗鬼に陥ってしまいます。しかし、私が様々なケースを見ていると、**ほとんどの借主は退去しない**ということに突き当たりました。1つの事例ですが、スクール卒業生が昨年165室の全室に家賃値上げ予告したところ、たった1人だけが反応したそうです。また、他の卒業生さんも一律7%上げましたが、退出される方はいませんでした。

最近、ライバル店の利用者の方から、「値上げされたので、そちらの部屋に変わりたい」と連絡がありました。どこのトランクルーム業者も値上げをしているようです。値上げ額にもよるかとは思いますが、1室1000円程度の値上げならまったく問題ないようです。理由としては、**少々の家賃値上げがあってもトランクルーム内のモノをわざわざ移動するのが面倒だ、労力をかけたくないという利用者の本音もあるかと思われます。**仮に値上げに不満があって退室する人があったとしても、退去率は1%、多くて2%程度の割合だろうと推察されます。

Q 室内の設備更新は何年毎と考えればいいですか？

A：はっきり言って、あまり考えなくていいです。

なぜなら…、

これは私の店舗の事例ですが、19年前トランクルーム1号店に設置した天井の照明が、たった1灯だけですが、初めて切れました。長い期間もちました。なんと、19年間も保ったということです。

その照明は近頃流行りのＬＥＤではなく通常オフィスなどに使う蛍光灯で、ＬＥＤに比べ寿命が短いと言われています。最近の蛍光灯市場は、照度も高く性能の良いＬＥＤへ取って代わろうとしています。この古い蛍光灯がＬＥＤ並みに19年間もキープできたのには理由があるのです。

通常オフィスや店舗、工場などで使用する蛍光灯は、1日8時間点灯を基準として考えると、耐久性は短く約2〜4年ぐらいだと言われています。一方、LEDは1日8時間使用したとしても13年〜17年ぐらいもつそうです。しかし、私のトランクルームの蛍光灯はLED並みに19年ももったということです。トランクルーム経営とは関係のない蛍光灯の技術的説明をしているわけですが、このことがいったい何を示すのでしょうか？

大まかですが、トランクルームは30室あれば30人、50室あれば50人の利用者が使用するということが前提になります。要は、トランクルームの利用者は、室内へ出入りする頻度や室内に滞在している時間が通常と比べ極端に少ないということなのです。必然的に、蛍光灯の寿命が通常の使い方より長くもつということを言いたかったわけです。

また、長くもつということは、蛍光灯の取り換えの必要が無く、施設の維持管理コストが少なくて済むということですし、使用頻度が少ないということは必然的に日頃の電気料金もかかりません。トランクルーム経営は、電気代のような維持管理費がかからないビジネスであるということも言えるでしょう。蛍光灯の事例ばかりではなく、他の設備機器や仕上げも、使用する頻度が少ないので10年、20年経っても傷まないということがおわかりになったことと思います。1号店も2号店も、付け加えた設備はありますが、いまだにメンテナンスコストは0です。

事実、私が主催するスクールの卒業生で、店舗をオープンされた方に聞いてみましたが、全員「維持費が全然かかりませんね！」と同じ答えが返ってきます。

たった1つのメリットについて長々と書きましたが、このように「維持費がかからない、設備更新のことをほとんど考えなくてよい」というのは、トランクルーム経営の大きな長所ではないかと思います。

Q トランクルーム経営で大きく儲けるコツは何ですか？

A：ポイントは7つあります。

トランクルーム経営をこれから始める人も、現在すでにやっている人も、私が2006年から現在に至るまでトランクルームをやってきた経験から、トランクルームで大きく「儲ける」また「稼ぐ」コツをお伝えします。

①自分で販売する

最低限必要なこと以外は、極力外注に出さないで、すべて自分でやることです。トランクルームは運営するのにはほとんど労力がかかりませんので、自分でやることによって利益が大幅に残ります。

②他の仕組みに乗らない

他の仕組みやサービスに乗らないことです。様々なサポートサービスやお任せコースは利益を搾取していくため、儲けが圧縮されます。そのような業者の思惑に乗らないことです。たとえば、保証サービスなど使わなくても自分で審査することは十分可能ですし、保証料を顧客から別途頂くこともできます。また、集客や管理も管理会社に任せずに自分でやることができます。

③家賃を高くする

ケースバイケースで家賃を地域で可能な限り高く設定すること。廉価な家賃にすると何十年間の儲けが大きく毀損します。

④開業コストを落とす

建築会社やリフォーム業者などに一括発注しないで、CM（コンストラクションマネージメント）を使い、下請け業者に分離発注すること。この方法を取ることによりコストが大幅に下がり、利回りがアップします。

⑤価値を上げる

自分と他業者との違いを明確にし、自分の強みをセールスポイントとして訴求する。他業者と同じ土俵で戦わないことです。

⑥経費を掛けない

無駄な設備やサービスはランニングコストを増やし、収益を圧迫します。ユーザーの声を聞き、本当に求められているものだけを追求し、無駄と思われるものを削ぐことが必要です。

⑦3C分析をする

どのようなビジネスもマーケティングの理論武装が必要です。トランクルーム経営で重要な3C分析をすることによって、足元の商売を見直しビジネスを大きく発展させてください。

【注】3C分析　Customer（顧客、市場）、Competitor（競合）、Company（自社）という3つの要素を分析することで自社の現状を把握するのに用いられるフレームワークです。

以上、「トランクルームで儲ける、稼ぐコツ」を具体的かつ明快に説明しました。これらを参考にして、ぜひ、自分のビジネスを見直してみてください。

Q　トランクルームの利用者は何年ぐらい借りてくれますか？

A：休眠ユーザーがトランクルームの儲けの源泉になります。

トランクルームをやり始めて19年ですが、一番古いトランクルーム店の部屋を借りているお客様のうち19年間継続的に借りて頂いているユーザーが最低3〜4割ぐらいの割合で存在します。19年といえばかなりの年数です。仮に家賃が1万円とすると、12万×19年、なんと228万円になる計算です。たった1人のお客様から、積み重ねると過去これだけの家賃を頂いているわけです。もちろん、実際に家賃には、4000円もあれば7000円もあるし、1万円以上のものもあるわけですが、冷静に考えると、大した設備もない、1帖程度の大きさのただの箱のスペースにこれだけのお金を投資して頂いたのです。

トランクルーム経営は、典型的なサブスクリプション型ビジネスモデルの一つです。世界的なデータ会社が発表したサブスク統計に関する報告書によれば、4分の3の人が、利用していないサブスクにお金を払っているとのことです。

ほとんどのユーザーは、クレジットカードなどの自動引き落としの場合、時間の経過とともに日々の支払いの詳細に注意を払わなくなります。ですので、電話や郵便、メールなどで連絡せずに、ユーザーを起こさないというか「寝た子を起こさない」ようにすれば、その人たちはそのまま眠ってしまい、料金だけ払い続ける休眠ユーザーとなるのです。

トランクルームの経営側から見たら「黙って払い続けてくれる」このような無意識、無自覚病を患っている人たちが【上客】として位置づけられるわけです。時々、無駄なお金だと気が付いて部屋を解約する人がいます。これがサブスクビジネスの現実ですが、一方、サブスクビジネスは、休眠ユーザーの人で成り立っているのも事実なのです。

Q トランクルームの利用者のリピートはありますか？

A：一度借りてくれた人は2室目も借りてくれますので、空き室問題解決になります。

トランクルームを長くやっていると運営上、良い回転をすることが多いです。長くやればやるほど経営がプラスに働きます。たくさんあるトランクルームのメリットですが、その内の一つの事例をご紹介しましょう。

先日、何年も借りて頂いている利用者の方から、住んでいる部屋が狭く、モノが増え過ぎてもう1室借りたいという理由で申し込みがありました。トランクルームを借りる人で3～5年と長期に借りている人にとって、トランクの中のモノを新たに移動させたりするのは、労力がかかり面倒くさいものです。また家賃が廉価だという理由もあるでしょう。

必然的に、同じ店舗内で問題点の解決を図るため、必要なスペースを借り足します。おかげさまで店舗内の空いていた部屋が埋まり、稼働率が高まるようになり、常時、満室経営が可能になるわけです。企業の場合も2室目、3室目とリピートが頻繁に起こります。

このように、外部からお客様を探さなくても、店舗内で既存のお客様の「リピート性がある」おかげで、空き室という問題が簡単に解決できるわけです。アパ・マン賃貸やオフィステナント物件でこういうことが起こるでしょうか？　不可能です。しかし、トランクルーム経営というものは、このようなニーズが発生することが日常茶飯事なのです。

Q　アパ・マン賃貸のように室内の原状回復修繕コストは発生しますか？

A：2006年から現在に至るまでいまだピカピカ！原状回復なし

先日久しぶりに利用者が退出した1号店の空室の部屋を覗いてみると、な、なんと、19年も経っていても部屋の中はピカピカでした。鋼板に焼き付け塗装を施している床や壁、天井の仕上げ材は19年前の私の読み通り、新設のときとまったく変わらない神々しい輝きを保っていました。これが、コンパネやクッションフロア、クロスなどオーソドックスな仕上げであれば、どうなっていたでしょうか？　たぶん、色が変色したり、色褪せたり、傷がついたりして、商品としては使いものにならなくなっていたことでしょう。それゆえ、次の利用者のために床、壁、天井はすべてリフォームをする必要に迫られていたと思います。アパ・マンなどの原状回復や修繕を考えると、比べようのない経済的で良好なメンテナンスだと言えます。

投資家の方には建物の内外部の大規模修繕や原状回復をまったく考慮に入れていない人が多いのですが、こういった不定期に流出する投資コストは馬鹿になりません。経営的に、積み重ねたキャッシュを損失し、結果、キャッシュが残らない状況に陥ることを予測しないのでしょうか？

要は、この投資は運営している期間、ほとんどお金がかかりませんし、その分預金口座にキャッシュが残ります。これがトランクルーム投資の利点なのです。

コラム

トランクルームよもやま話 収納スペースに対する地方と都内の価値観の相違

現在全国で、私たちの仲間のトランクルーム162店舗が稼働していますが、地方と東京ではお客様の質が大きく違います。地価が高い東京都内の生徒さんのトランクルーム利用者は、空間に対しての価値感が違いますので2万、3万と家賃が少々高めでも躊躇しないで借りて頂けます。たとえ貸し倉庫の類のような価値の低いサービスだとしても、空間やスペースがそれだけ価値があるものだと、しっかりと認識しているようです。

この東京人の空間に対しての価値観ですが、こういう体験をすることがあります。たとえば東京都内でコーヒーを飲むために、ドトールやサンマルクなどのカフェでくつろぎの空間を求めようとしても、机や椅子の隣との間隔が数10㎝しかなく他人との距離は1mもないことがしばしばあります。

人との距離が近いため、自分だけの空間を楽しむのは難しいと思われるのですが、それでも、東京の人は慣れているせいか、我慢して一人だけの空間を楽しんでいるようです。経営側は少しでも回転率を良くするために、必然的に机や椅子をぎゅうぎゅう詰めにします。都内で低料金のコーヒーを飲もうとしたら、このようなカフェばかりです。もし、ゆったりとした空間を楽しもうと思ったら、コーヒー1杯500〜1000円出せばそれは十分可能ですし、サービスやコーヒーの味もそこそこです。

このように、地方の人と東京の人とスペースに対する価値観が大きく違うため、トランクルームに対する価値観も違ってくると言えるかもしれません。地方のトランクルーム利用者はスペースに対する価値観が低いために、賃料の高い大きな部屋を借りることに躊躇う傾向が強いようで、結果、家賃価格が1万円以上の大きさの部屋が埋まりにくいというのが実情です。

最終的には数年かけて何とか埋まりますが、埋まるのにとても時間がかかるのが悩みです。

Q トランクルームに保管するモノはどんなモノですか？

A：様々なものがあります。

たとえば…、

トランクルームは、個人の場合、旅行かばん・スーツケース・雛人形・五月人形・クリスマス用品などの「1年に数回しか使わないもの」を収納している人が多いです。それ以外にも、アウトドア用品や、自分の趣味で集めているモノの保管庫として利用される方もいらっしゃいます。

意外と多いのが、故人の遺品や個人の思い出の品など「捨てたくても捨てられないもの」を保管するケースです。いつかは整理しようと考えていてもついつい時間が経って、ずるずるとそのままにしてしまう。こんな方が多いように思います。

もっとも、「そんなもの、さっさと処分した方がいいのでは？」と考える方もいらっしゃいます。生活する上で「そんなサービスは蛇足、無駄。お金を払ってまで利用する価値はない」と考えている人もまだまだ多いのではないかと思われます。

これは余談ですが、以前トランクルームを10年以上も借りて頂いた利用者の方から、退去のご連絡がありました。退去の理由を聞いてみると…「11年借りていましたが、子供も大きくなって、保管していたものは現在では必要ない、ということがわかったので結局、処分する（捨てる）ことにしました」ということでした。

トータルでいえば、レンタル期間11年で6000円×12か月×11年＝79・2万円もの大金を払った計算になります。

「早めに気づいて処分していたらこんなことにならなかったのに…」「どっちみち捨てるとわかっていたら、お金をかけてトランクルームなんか借りるんじゃなかった」と後悔しているかもしれません。

しかし、よく考えてみてください。ちょっとだけモノを預けるといっても、世の中にそんなモノを預かってくれるところはあるでしょうか？　皆無です。無料で預かってくれるところなどありません。日本の1人当たり居住面積は狭いため、賃貸マンションや分譲マンションに住んでいる人で、収納スペースが無くて困っている人たちが多いのが現実です。

Q 遠距離の店舗を運営することは可能ですか?

A:可能です。

現在あなたがどこにいても店舗運営はできます。

ある生徒さんは東京都内に在住ですが、リモートワークによって東北の、とある街で、2店舗のトランクルームを運営しています。彼は、あるときに新型コロナに運悪く感染し、家族に感染してはいけないと思い、東京都が指定するホテルで約1週間の自粛期間の滞在を余儀なくされました。1週間の間、ホテルに缶詰め状態で外出もままならず、精神的にも大変だったと思います。私もコロナに感染した経験があるのでご苦労をお察しします。

でも、そんな大変なときであるにもかかわらず、トランクルームの運営をホテルの1室の中からリモートワークで継続していたそうです。しかも、都内から何百kmも離れた無人のトランクルーム店舗です。この生徒さんは、オペレーションを見直し、トランクルーム運営の自動化の仕組みを作って実践したのです。

不自由なコロナ自粛期間に一歩も外へ出ないで、他者に頼らず、自助努力で利用客を探して見つけ、その月に、な、なんと7件もの利用者を成約したそうです。トランクルームっていう事業は、こんなことが可能な商売なのですね。おみそれしました！

また、他の生徒さんは東京都内から九州の福岡県のある地方都市に2店舗を所有し、リモートで自主運営されているケースもあります。

Q トランクルームは相場を無視して高家賃の値付けができますか？

A：可能です。

たくさんの生徒さんと個別相談をしていると、機知にとんだ価値ある優良情報が得られます。その中で、ある生徒さんとの相談は、常識を打ち破る情報でした。どんなことかというと、それはトランクルームで「高い家賃を設定する」ということでした。「なんだ、家賃を高くするのか？　それだけのことか？」と思われますが、近隣の相場家賃より1・4倍以上あったらどうでしょうか？・・すばり、儲かりますよね。

アパ・マン賃貸の場合で考えたら、10万円の家賃が14万円も取れるのですから、かなり大きな差額（儲け）となります。もし、これが10室あったらどうでしょうか？　積み重ねると大きな数字となりますね。もちろん、アパ・マンでは現実にはあり得ない話だと思いますが、トランクルーム経営だとこういうことが十分可能なのです。

トランクルームビジネスはまだ緒に就いたばかりの商売で、俗に「黎明期」だと言われています。地方では、コインパーキングやコインランドリーなどのように社会に広く普及したサービスではありません。必然的に、こういうトランクルームというサービスを利用した経験をお持ちの方は皆無と言ってよいです。だから、ほとんどの利用者は「ビギナー」あるいは「初心者」の類なのです。このサービスを利用する人は「初めて利用する人」ばかりだということです。

このような市場なので、トランクルームの家賃というものは相場があってないようなもの。相場が無いということは自分の好きな家賃設定ができるということになります。

どうですか、不動産関連でこんな商売ありますか？　たぶんないでしょう！

このことで言えることは、自虐的なネガティブ思考はビジネスの発展を妨げる、その非常に良い事例だということです。私も自らを改悛する良い機会を得ました。スクールには、実際にこんなことをいとも簡単に実践していて小成功している生徒さんが何人もいます。

追記：トランクルーム家賃が高いか安いか、利用者の判断基準は甘い

A：トランクを利用する人、利用しようとする人は、トランクルームやコンテナの家賃が安いか高いかという判断基準を持ち合わせていないような気がします。

他方、アパ・マン賃貸のように昔から慣習的に相場家賃が地域で決まっていて、また物

件も市場にたくさんある場合は、入居者が比較検討しやすく、家賃が高いか安いかという判断が容易です。アパ・マンの場合は「入居者の選択権利」が強い、と言えると思います。

ところが、**トランクルームの場合は物件が地域では寡占市場で、たくさん存在しないこともありますし、そもそも、トランクルームを利用する習慣もないので、家賃が高いか安いかという判断が困難で、判断基準がかなり甘いのです。**

利用者は、問合せをしたとき担当者から電話口で「この大きさで5000円です。この大きさで1万円です」と言われれば、「ああそうですか、じゃあ、その1万円のやつで」と、言われたまま納得し、了解するしかないのです。利用者に選択権はほとんどない感じです。だから、過去19年間経営をやっていて、高いとか安いとか文句を言われたことは一度もありませんでしたし、値引き要求もあったことがありません。

ここで私が言いたいことは、利用者の判断基準が甘いのであれば、経営者側は自分が望む料金価格を値付けすればいいのでないかということです。現実にスクールを卒業した全国の生徒さんのトランクルーム店の家賃価格は、皆さんアバウトです。各店舗とも、市場にライバルがいなければ寡占市場のメリットを生かして、法外な高い家賃?を付けている場合も多いです。それでも少しずつ部屋が埋まって、しっかりと満室になっているようです。家賃が高く満室になれば、けっこう儲かっているはずです。

Q トランクルームは全国どんな地域でもニーズがありますか？

A：あります。

私自身「まさか、そんなところで…」と驚くような場合も。

トランクルーム経営スクールは2011年から開講し、現在18期目で13年もの長きにわたって継続しています。現在、私が把握している店舗だけで全国で160店舗以上あり、準備中の方が他にもたくさんおられます。毎年何人もの方から「オープンしました！」という吉報を頂きます。ここまで長く継続できたのは、トランクルームというビジネスが不動産投資などと違い、素人でも比較的与《くみ》しやすいビジネスで、実践する人にとって成功確率が高いといった理由もあるでしょう。

現実に、この160店舗の一つ一つの経営内容を見ていると、ほとんどの人が順調に経営を廻していることがわかります。様々な職業の人で、畑が違っていても、知識や経験が無くても結果を出せ、経営収支実態は営業利益をそこそこ出しています。本気でやれば、リスクが小さく失敗する確率が大変低いビジネスです。それともう一つ、一番重要な話をしますね。

本書で何度も言っていることですが、トランクルームというと、街の中の利便性の高い立地の良い場所をイメージします。たとえば東京都内の5区。人口密度も高く、企業が集積しているところ、需要が望まれるような地域、富裕層で経済的に余裕のある人が多い地域、こんなイメージを持つことでしょう。

しかし、私がこの19年間全国の市場を調査し、様々なトランクルームを見てきて思うことは、立地が良いのに越したことはないが、このトランクルームというビジネスは全国至る所で潜在的なニーズがあるということです。どんな辺鄙な街でも、高齢化で人口減少の進む疲弊した街であっても、確実に「収納する」という行為は需要、ニーズがあるということがわかったのです。

この事実は私にとって目から鱗でした。皆さんが考えているような「トランクルームの実需イメージ」とはまったく違っていたのです。それを証明する地方都市のトランクルーム店の存在があり、それなりに稼働していてビジネスとして十分成立している事実があります。信じられないかもしれませんが、**「えっ、こんな場所でトランクルーム！　うそ〜っ！」**と、きっと驚かれることでしょう。

世の中に存在するどのようなビジネスであっても、視認性や立地、人口密度や街の成長性を重視しますが、ことトランクルームという商売は、そのような条件を重視しなくてもいいという結論に至ったわけです。これはビジネスを選択する上で大きな要因となります。トランクルームという商売は、掘り下げて調べてみると、まだまだ未知の発見がありそうです。

Q 都内のトランクルーム利回りが80％以上になるって本当ですか？

A：本当です！　実例がバンバンと出ています。

トランクルーム投資の利回りは、地方でテナントを借りてやる場合、最低60％を超えます。過去の生徒さんも大体その程度の数字でトランクをスタートさせています。一方、東京の生徒さんの場合はどうなのでしょう？　条件によってそれぞれ違いがありますが、テナントを借りてやった場合、概ね80％以上出ます。

なぜ地方と東京都内の場合とで、こんなに利回りに差があるのでしょうか？　その理由は、投資コストが地方であっても東京都内でもあまり変わらないからです。内装や電気設備など、若干、都内の業者のほうが工事費は高いかもしれませんが、高くなったとしてもせいぜい1～2割ぐらいのコストアップで、大きく変わるわけではありません。むしろ、スティールパーティションなどを使用すれば、地方都市の方が運搬費の分だけコストが高くなる傾向にあります。※スティールパーティション業界は寡占市場で競争原理が働かないため、価格が大きく落ちません。

他方、地方都市と東京都内のトランクルームの貸出賃料は倍近くの差があります。たとえば、私のトランクルーム単価は㎡当たり４５００～５０００円程度ですが、都内は８０００～１万円が相場です。地方も都内も投資コストが同じぐらいなのに、都内のトランクルームは賃料が高いので、利回りは必然的に80％以上と高くなるのです。条件によっては１００％になるケースもあります。これらが東京都内の利回りが高くなる理由です。ご理解できましたでしょうか？

Q 長期間経営すると、どんなメリットが出てきますか？

A：主に5つあります。

本書で何度も申し上げていますが、私は20年近くトランクルームを経営しています。その経験から、トランクルームは長期間経営していると、非常にたくさんのメリットが出てくることがわかっています。長期間というのは最低5年以上経営していることが条件ですが、次のようなメリットが徐々に顕れてくるのです。

①短期客が排除され長期利用者が残る
②店舗周辺でさらに認知が進む
③利用者や付近の住民からの口コミが発生する
④退出した部屋は家賃の値上げが可能
⑤利用客が借りる部屋を追加してくれる

長くやっていれば、こんなにたくさんのメリットが出てきて、経営が上手く回転し始めるのですが、うちの生徒さんの中には、売却することばかり考えている人がいます。なぜ我慢が出来ないのでしょうか？　どうして、トランクルーム経営を数年でやめてしまうのでしょうか？

なぜなら、ほとんどのオーナーが、安いときに購入し、高いときに売る株投資のようなスタンスで、トランクルーム経営を短期的に考えているからです。もう一度、原点に戻って不動産投資を考えてみましょう。あなたは、不動産投資をインカムゲインで捉えているのか、それともキャピタルゲインで捉えているのか、一体どちらなのでしょう？　キャピタルゲインで考えているなら、出口戦略として短期的でいいかもしれません。売却や譲渡もけっこうです。でも、一時の儲けに期待してやるより、長い将来に期待するほうが結果、得になるということもあります。私だったら、目先の何百万より将来の何千万を狙います。実際に、私は19年もコツコツとやったおかげでキャッシュを積み上げました。

『鹿を追う者は山を見ず』ということわざがあります。目先の利益ばかりに気を取られると大きな利益を損ねるという商売の戒めです。トランクルーム投資は長期間やることが絶対的な条件なのです。老婆心ながら、それができない人はトランクルーム投資をやらないほうが良いと思います。

Q 時間が取れないサラリーマンは一体どんな経営をしていますか？

A：それでも大丈夫な仕組みを作っています。

たとえば・・・、

トランクルーム経営で、会社員や公務員、または時間が取れない人が、一体どのようにしてお客様に対応しているのか、非常に興味があるのではないかと思います。生徒さんがどのような努力や工夫をして、お客様とやり取りしているのか、一部の事例ですが公開します。めったに聞けない情報ですので参考にしてください。

【竹末】

「ご努力のおかげでコロナ禍にかかわらず順調に埋まっているようですね。どこの生徒さんもあまり影響は見られないようです。成功している姿を見ると私も安心します。ところで、ちょっとお聞きしたいのですが、Aさんは問い合わせの電話は自分で受けているのですか？　会社員でそれができるのですか？　内覧などはどうしているのですか？」

【生徒さんA】

「問い合わせの電話ですが、勤務中でも自分で受けております。フリーダイヤルはボイスワープにて携帯電話で受けられるようにしているので、勤務中でも出られる状態でしたら出て（あまり無いですが）、出られなければ留守電を聞いて勤務後に折り返し連絡しています。電話を頂いてから折り返すまでいつも時間がかかってしまいますが、これまで不評であったことは一度もありません。

また内覧は、基本的には土日にお願いしておりますが、予定があったり、急がれている場合は平日でも、私が帰宅してからの夜7時以降にご案内をしております。もっともお客様もご自宅の近い方がほとんどですので、会社帰りに寄る形となりちょうど良いようです」

Aさんは時間的に制約のある会社に勤めながら、ゲリラ的な手法で3年かけ、ついにトランクルーム38室を満室にしました。コツコツと1室ずつ埋めていく運営手法やマインドは、他の皆さんにも刺激になるのではないかと思います。このメールでは話をしていませんが、折り返し顧客に連絡するときは、会社のトイレ室から電話したり、オフィスの外で電話していたそうです。そんなことができるのかと思われるでしょうが、トランクルームの問い合わせは頻繁にあるわけではなく、月に数件程度ですから、勤め先で毎日やっていたわけではありません。また最近は、電話だけでなくインターネットから直接申し込んでくる方も多いです。お客様は急いでない方が多いので、メール返信は翌日でも遅くありません。スクールでは、トランクルームの自動化が可能なオペレーションや、他にも様々な手法を紹介していきます。

コラム 他人から見た不動産投資は胡散臭い?名刺に書ける商売を。

私のスクールに参加された、ある女性の生徒さんからこんなことを聞きました。

【竹末】
「Bさんは、なぜこのトランクルームビジネスをやってみようと思ったのですか?」

【生徒B】

「不動産投資よりこのレンタル収納ビジネスのほうが、社会的に地に足の着いたしっかりした商売をやっている、という感じを受けたからです。たとえば他人に投資物件を2つ所有していると話しても、相手はあまり感心してくれません。むしろ、うさん臭そうな目で見られます。ところが、トランクルーム1店舗を経営していると話すと、相手は関心を示します。この違いは大きいですね。同じ不動産投資仲間でもアパ・マンの話は興味を示しませんが、一方トランクルーム経営は興味を持って聞いてくれます。だから私は、名刺にトランクルーム店舗経営と書いています。名刺を見た人の反応がとっても良いのです」

不動産投資が世の中でブームになっている所為もあるでしょうが、第三者からはサラリーマンの延長としての副業程度で、不労所得として見られ、あまり世の中で評価されていないようです。職業や仕事に貴賤はないですが、堅実で安定している商売(事業)としてのレンタル収納ビジネスは社会的な評価も高いです。不動産投資家から、しっかりとした商売として注目の的なのですね。

ちなみに人からどんな仕事をしているの?と聞かれたとき、私は即こういう返事をしています。「私はトランクルーム、バイク駐車場、コインパーキングを含めて、6店舗経営しています」。

すると、みなさん、「へぇーすごいですね」と感心してくれます。

名刺に堂々と描けるような、社会的に堅い商売（事業）を選びましょう！

Q トランクルーム経営は人を雇わないで一人でできますか？

A：大丈夫です！　一人でできます。

トランクルーム経営は、実に人手がかからないビジネスです。そして、アパ・マン賃貸経営と同じように、家賃という対価が毎月通帳に振り込まれてきます。黙っていても賃料が入金されるということです。だから、通常の商売のように入金の都度いちいち請求書を起こしたり、領収書を発行したりする必要がありません。

自動的に毎月末日に一定の金額が通帳に入ってきます。また、経営の仕組みも複雑ではありません。契約も、アパ・マン賃貸のように契約書の丁寧な説明とか「重要事項の説明」とか、面倒なことはありません。私の店舗は、契約業務はわずか5分で終わります。契約書を確認し押印してもらって、前金をその場で頂いて入室カードと部屋の鍵を渡します。それで終わり。後は通帳をチェックするだけです。以後の店舗の運営や管理も、店内の掃除は年に数回で、店舗チェックは2か月に1回。滞在時間もわずか15～20分程度です。

室内には誰も住んでいませんし、作業する人もいないので、クレームもトラブルも発生しません。室内の部屋の中に入っているモノ、保管物は口が付いていないので、不平や不満が出ることはありません。

要するに、経営に労力や人の手間がかからないビジネスなのです。人手がかからないということは、人件費の抑制につながります。ある都内のトランクルーム業者さんは都内に50店舗以上運営していますが、社員はたったの3人だけ。他にも、あるコンテナ業者さんは3500室以上管理しているのに、それでも社員はたった4人だけ。大手のエリアリンクさんは売上225億で社員数が僅か80人です。レンタル収納、トランクルーム経営は、そんな少人数でやりくりしています。

これらの企業を見る限り、あなた一人で最低10店舗以上は軽く管理することが可能だと思います。こんなに手間のかからないビジネスって他にあるでしょうか？「人を雇わないで一人でできる」というのはこういうことだったのです。

Q 竹末さんのトランクルーム経営で失敗はありましたか？

A：もちろんです。

いつも失敗ばかりで、たくさんあります。私のトランクルーム経営の失敗経験の中から、大失敗したことについてお話ししたいと思います。19年前、地元（中堅都市）でまだトランクルームが市内に数件しかなかった時代にレンタル収納ビジネスを始めました。このころ、まだこのビジネスの経験がなかったために、トランクルームの家賃の査定に大変悩みました。

読者の皆さんがよく知っているコンテナＢＯＸは市中にかなりたくさんあり、コンテナの家賃についての情報は入ってきましたが、私の場合は屋内型のトランクルームという形態をとっており、このケースの場合の適切な家賃の情報は得られませんでした。他の屋内型のライバル店舗を調べてみましたが、かなり高い家賃設定で稼働率も低く、部屋が空いている現状で、全然参考にならなかったのです。

そこで私が取った方法は、コンテナBOXの家賃を分析し、単位当たりの家賃を出して比較し、コンテナより少しだけ高い家賃設定をしました。㎡当たり○円という数字を出し、それぞれの部屋の家賃を値付けしていきました。それでも、果たしてこの家賃で借りてくれるかということは、当時は皆目見当がつきませんでした。

試行錯誤し、恐る恐る付けた家賃でトランクルーム経営をスタートさせましたが、ふたを開けてみると・・・利用者はなんの抵抗無しに、次々と借りてくれました。忌避することもなく納得して借りてもらったので、家賃価格については一応成功したと思い、それ以降2店舗目、3店舗目もなんの疑念もなく延々とその家賃単価をキープしていきました。その後次々と出店するライバル業者も、先駆者であった私のトランクルームの家賃を参考にして家賃の値付けをしていました。

そういうことを何度も繰り返していくうちに、私の市場のトランクルーム家賃相場が、私の価格設定によって形成されていったのです。このことで私が得たのは「トランク市場の家賃相場は創るもの」というポジティブ志向です。

しかし、最近になって気づき始めたのが、中・四国・九州で一番地価の高い地域である街にもかかわらずトランクルーム家賃の価格が意外に低いということです。ですが、もう後の祭りです。この地域の市場の価格相場は、完全に低水準で形成されてしまいました。

結局、このような低単価の家賃になったのは私の大失敗、『価格戦略の失敗』です。私は自ら自分の首を絞めて、それ以降の儲けのチャンスをみすみす毀損してしまったのです。世の中にこれと同じようなケースはたくさんあるものです。商品のサービス価値が秀逸であるにも関わらず、自分のネガティブ志向や自信欠如から機会を喪失し、膨大な利益を失ってしまうケースがいかに多いことか。今回の失敗に凝りて、もう一度戦略を見直し、適正な価格で適正な経営をやっていくことが経営者としての器量だと、最近つくづく感じています。これが私の最大の失敗経験です。読者の皆さんはこんな失敗はしないようにしてください。

Q トランクルームビジネスは景気に左右されませんか？

A：様々な不況がありましたが、どうなったかというと・・・

16年前の２００８年の夏のことでした。アメリカ合衆国発リーマンショックが起こった年です。

リーマン・ショックとは、２００８年9月15日に、アメリカ合衆国の投資銀行であるリーマン・ブラザーズ・ホールディングスが経営破綻したことに端を発して、連鎖的に世界規模の金融危機が発生した事象を総括的に称したものです。（ウイキペディアより）

私は、このとき夜も眠れないぐらい心配しました。まだトランクルーム経営を始めて2年も経たないのにこんな危機になるなんて、運が悪いとしか思えません。2店舗合計８００万以上を投資したのに、一体これからトランクルーム業界はどうなるのだろう、と日夜悩んでいたものです。

しかし、私の心配をよそに、秋の9月、10月が過ぎても問合せの件数は一向に落ちませんでした。そして、世の中の景気が落ち込み様々な業界で倒産や撤退が起こる最中でも私の2店舗目のトランクルームはその後も順調に埋まっていき、最終的に8か月で見事に28室全室が満室になりました。

私が心配していたことは杞憂に終わったのです。世界的規模でリーマンショックの影響があり、日本でも企業が大幅に縮小、撤退を繰り返していた未曽有のクライシス時期であったにもかかわらず、私のトランクルーム店舗は満室になり、1店舗だけでなく2店舗目も好調に推移しました。

何故なのでしょう・・・？

要因として、こういう推測ができると思います。それは**『個人を相手にしていたから』**です。経営環境の厳しい企業さんではなく、リーマンショックの影響を大きく受けない個人の主婦やサラリーマン、公務員などを相手にしていたからです。

2008年のリーマンショックだけではありません。その後も、2011年の東北大震災、そして2020~2023年まで続いたコロナ不況など、人々が大きな変化を迫られた不況がありましたが、私に限らず、ありがたいことにトランクルームビジネスを行っていたところは、ほとんど影響がありませんでした。

理解されましたか？　世の中の景気は必ず浮き沈みがあります。日本の経済の歴史をみると、必ず20~30年毎にそれを繰り返しています。1990年バブル崩壊後の日本もそうでした。だから今、好景気で良かったとしても、いつかはまたリーマンショックや新型コロナ感染のような危機が訪れることは、十分考えられることです。

そんなときに一番被害を受けないのは、企業でなく『個人』を対象にしたビジネスです。かつ、生活に密着したビジネスであるということが重要です。大きな儲けは難しいかもしれませんが、コツコツと安定継続することが一番！　そういうビジネスを選択することです。

それがレンタル収納ビジネス・トランクルーム経営だったのです。

Q トランクルームは、なぜ、満室になるまで時間がかかるのですか？

A：一番の理由として「緊急性がない」からだと考えられます。

もちろん、消費者の認知性や日本人の習慣性がないのが一番大きな原因ですが、要は「レンタル収納」というモノを保管するサービスは、利用者にとって「緊急性」がないということ、直ぐに飛びつくサービスではないということなのです（引っ越しのニーズは緊急性がありますが）。

必然性がないということではなく、モノを保管したい動機はあるのだけれど、利用者は今すぐに収納を借りたいというニーズや問題点を先延ばしができるわけです。したがって、部屋の整理整頓ができなくても、１か月先に延ばしてもかまわないし問題はない、という気持ちが働いて解決するための行動が遅れるわけです。

その証左に、利用者が内覧を要望したときに、私から「お急ぎでしょうか？　今出張中なのでトランクをすぐにお見せできません。もしよければ、来週でもよろしいでしょうか？」と返事をすると、ほとんどの利用者は「はい、来週でもいいです。お待ちします」と答えてくれます。利用者の心理がよく読めるやり取りの会話の一コマだと思えます。通常のビジネスと比べ、「緊急性」という点において欠けていると言えるでしょう。

ですので、消費者が切羽詰まった状況になるまで、私たち経営側は待っていなければならないのです。ユーザーのニーズを喚起するという方法もありますが、現実的には、業界で莫大な広告費を投入できるほどの大企業は存在しません。そんなわけで、トランクルームビジネスは満室にするために時間がかかると言われるのです。

Q 全国で絶対に出店してはいけない地域はありますか？

A：お勧めしない地域はあります。

たとえば…、

私はスクールを開講して13年、全国津々浦々のトランクルームオーナーの相談に乗り、開業のサポートをしてきました。そのため、全国的な情報をキャッチしています。もしあなたが、今後出店する地域を検討しているなら、「この街だけは出店しないほうがよい」という稀有な情報を公開します。それはどこかと言えば、「広島市と札幌市」です。

理由は、両市とも屋内型トランクルームが供給過剰だからです。なぜ供給過剰になったか？ということですが、首都圏の某トランクルーム業者が地方都市である広島と札幌に短期間に集中してトランクルーム店舗を全面拡大したからです。私が調べた限り、現在までに札幌市では60店以上、広島市では30店以上のトランクルームを出店させています。現在も出店ペースは落ちることなく、増加し続けています。

こういう営業戦略をドミナント出店といい、地域を絞って人的資源と資本資源を投入し、集中的に出店する経営戦略で、地域内における市場占有率を向上させ、ライバル業者を排除して独占状況を目指す手法です。

経済用語でいう「選択」と「集中」です。トランクルームというサービスは地方では寡占市場です。しかし、寡占市場であるだけに、上記の経営戦略を持ち込むと一気に市場を占有できるのです。

私には長年の営業実績や集客スキルがあるから何とか持ちこたえることはできますが、トランクルームに対して知見のない、集客力も足りないオーナーが真っ向から勝負しても太刀打ちできないでしょう。それほど、この企業はA級の集客力です。また、ライバルが出現したときは、この企業は相手側を貶めるためにあらゆる方法を使って叩き潰す戦術、戦略を採っています。

その戦術とは、「1年間、料金半額」です。我々のような零細企業がこのような条件で対抗すると、疲弊し潰れてしまいます。これと同じことをやると1〜2年間程度は店舗の採算は赤字が続くだろうと考えられるからです。

その企業は、たくさんある店舗のうち1店舗ぐらいが赤字になっても、ライバルを貶めるために犠牲は厭わないというスタンスですが、体力的に余裕があるからできることなのでしょう。こんな強力なライバルを相手にしても私たちのような零細は到底勝てないでしょう。

さらに、これはあくまで私の推測ですが、次にターゲットになる町は政令市政都市である東北の「仙台市」あたりではないかと思います。以上、私の体験から意見具申します。

Q トランクルーム経営は富裕層相手のビジネスですか？

A：そうとは限りません。

トランクルーム経営は「富裕層相手のビジネス」だと思い込んでいる人が多いようです。「余分なお金を払ってでも住まいの狭さなどの悩みを解決したい」と思っているような富裕層の人たちが借りてくれると思っています。確かに、富裕層、年収1000万以上のお客様はしばしば借りてくれています。（富裕層の定義が定かでありませんが、年収1000万以上の方を富裕層と考えています。）

しかし、現実の市場はそんな人ばかりではなく、所得の低い人で年収200万とか300万の人でもトランクルームを借りる人がたくさんいらっしゃいます。所得の高い人は少々賃料が高くてもあまり気にしません。1万円以上の部屋でも、深く考えずに気軽に借りてくれます。また部屋を借りる決断も早いです。ところが、所得の低い人は500円でも1000円でも安い部屋を探し、インターネットで比較検討しながら時間をかけて決める傾向があります。だから決断も遅いです。もちろん私たち経営者側にとって理想的な顧客は「富裕層」に違いありませんが、年収1000万円以上の日本人は人口の約5％以下とされていて、わずか5％だけを相手にしていては、トランクルーム経営は成り立ちません。

そのため、年収200〜300万の人達や500万の人たちも顧客として対象にしなければいけません。トランクルーム経営は年収200万から1000万まで、幅広い層を対象にするということです。

もし、富裕層を対象とするなら、富裕層が多い地域を調査限定し、その地域に出店することがポイントでしょう。

たとえば、地域戦略的にある程度以上の収入がある方が住まい、民度の高い地域として考えられる地域なら、総合大学がある学園都市なども良いかもしれません。最近の米国のストレージ産業では、そういった地域をターゲットにしてストレージ店舗を出店しているところもあります。

Q トランクルーム経営は初心者でも取り組むことができますか?

A:初心者の方であっても十分可能です。

私のスクールを卒業された生徒さんのトランクルーム店舗は、全国ですでに160店舗を超えています。生徒の皆さんは全国で順調に経営しておられますが、なかには不動産や建築・リフォーム・集客マーケティングなど、まったく門外漢(素人さん)な方もおられました。

そのような方でも成功したいという意識の高い方は、5年、10年経っても立派に経営しています。最初は少しだけ大変ですが、たった1度だけ経験すればトランクルームの要領を覚え、難なく運営されておられます。そういう意味では、トランクルームは、軌道に乗ればそんなに難易度の高いビジネスではない、ということが言えるでしょう。

トランクルーム経営は、スクールを受講し、私のアドバイス通りにやれば間違いなく成功する確率が高くなります。講座で学んだことを愚直に進めていけば、失敗することもありません。だれでも成功できるビジネスモデルなのですから、やらない手はないと思います。

ただし、当たり前の話ですが、実戦しなければ成功しません。講座を受講し、知識やスキルを得たと満足するだけでは、何の意味もありません。実践するからこそ、結果が出てくるということです。

コラム トランクルームで実際にあった小話

実は、19年間トランクルーム経営をやっていてこんなことがありました。トランクルームをスタートしたときの話です。

ある40代ぐらいの男性に5000円ぐらいのトランクルームの部屋を貸しました。

当時はトランクルーム経営をやり始めたばかりなので何もわからず、気軽にその男性にトランクルームをお貸ししました。

ある寒い冬の夜9時ごろに見回りに行ったところ、その男性が毛布にくるまって部屋の横のくぼみに座っていました。ちゃっかり、近くにあるコンセントから携帯電話の充電も。

そこで、私は声をかけました。「何をしているんですか?」と尋ねると「体の具合が悪くなってちょっと休んでいるんです」。私はとっさに、それは詭弁を弄《ろう》していると察知しました。

そして、「お身体の調子が悪ければ病院はすぐ近くにあるので病院に連れて行ってあげましょう」と言って、起こしてあげるために肩を貸してあげると、突然「痛たたっ、腸ねん転です。以前からこの病気が・・」と言うのです。

「それは大変です。すぐに病院に行きましょう」。私は彼をすぐに起こして肩を貸しながら、100mぐらいのところにある近くの病院まで連れて行ってあげました。ただ、病院の前に着くと彼は「もうイイです。治りましたからイイです」と言うのです。

「そんなことはないでしょう。今すぐ先生に診てもらったほうがいい」と半ば強引に勧めました。

何度も勧めると、彼は突然切れて「治ったから、もういいです!　ほっといてください」と怒りだしたのです。その場は険悪な雰囲気になりましたが、ことは収まり、彼とは別れました。

このようなことがあり、私は彼が確信犯だと理解しました。その後、最初の月だけ家賃が入りましたが、その後の家賃は入ってきませんでした。携帯電話に家賃の催促の連絡を入れましたが、梨のつぶてです。

数か月後、警察から電話が入り、「○○さんという方がお宅のトランクルームを借りておられると思いますが、窃盗犯で逮捕されました。しいては、トランクルームの中のモノを出したいのですが、立ち合いをしてもらえますか？」ということで、「やっぱりな」というお話でした。思い起こしてみると、このことが19年間で一番のハプニングでした。

また、電話での問い合わせで、「オカマのホームレスさん」から一度お電話があったこともあります。最近はホームレスさんでもインターネットの使い方は慣れたものです。インターネットカフェなどから、トランクルーム○○町と検索をかけて調べることぐらい、彼らからすればお手のものです。そのオカマのホームレスさんと1時間ぐらいインターネットカフェのことや世の中のこと、身の上話などをいろいろお話ししましたが、最終的には丁寧にお断りしました。かわいそうだけど住所不定だから仕方がないですよね。

その他にも、ロードレーサーでの自転車通勤の方で、自転車置き場では盗難の恐れがあるためトランクルームに自転車を縦置きで入れ、そこで仕事用の服に着替える男性の利用者とか。自分の過去のアルバムの写真（昔の彼氏とのツーショット）を夫に見られたくないのでトランクルームにこっそりと隠している主婦の利用者とか。老人ホームへ入所するのにすべてを持っていけなくて、大切な思い出の品を捨てることもできず、自分が死ぬまで預かってほしいという高齢の利用者とか。

このようにいろいろな利用の仕方やニーズがあって、何か人生の縮図を見ているような気がします。世の中には様々な事情のある人たちがいるものですね。

第7章

トランクルーム経営スクールについて

TRUNK ROOM BUSINESS

スクールを卒業した生徒さんの喜びの声

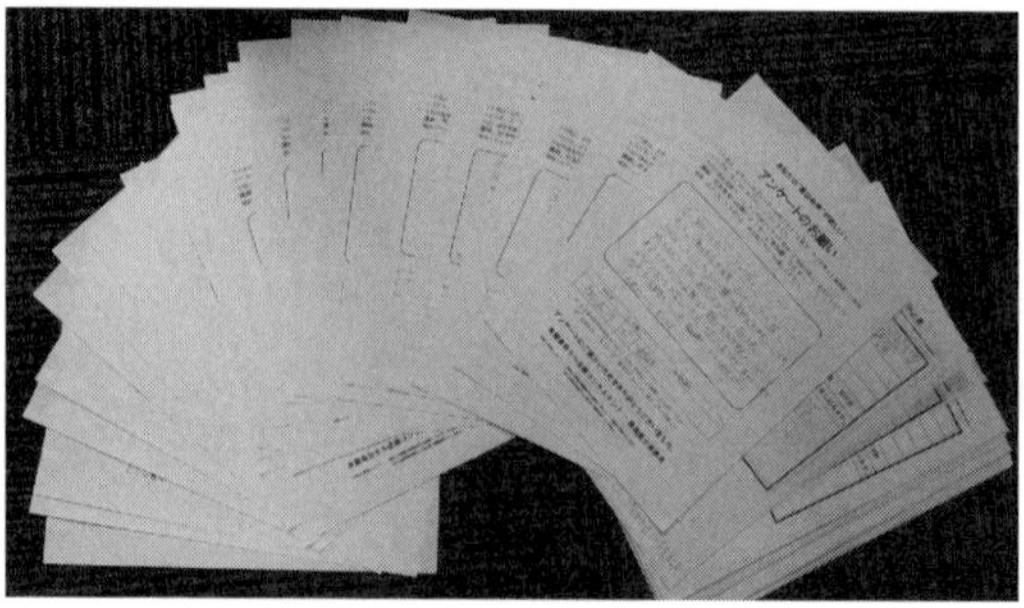

トランクルーム経営スクールを卒業した生徒さんたちから、ありがたい「喜びの声」を頂きましたので公開します。

「長い期間ありがとうございました。私は、不動産会社を経営し、たくさんのオーナー様と付き合い、アパート・マンションの購入や管理をお手伝いしています。プロの目から見ても、本当にすばらしいと思います。アパートやマンションを購入して業者に丸投げするのに対し、自分で工夫し経営に一歩近づいた投資ですが、回り出せばやることがなくなるところが良いです。一日も早くスタートして実現したいと思います」東京都　48歳　TO様

「講座だけでなく、ZOOM相談においても親身に対応して頂き感謝しております。きちんと収益を上げ、この仕事のすばらしさを次の世代にも伝えてゆきたいと思います」
千葉　59歳　MH様

「半年間ありがとうございました。漸く店舗が決まりましたので、これからご相談して前に進めてまいります。一生使えるノウハウを教えて頂きました。豊かな人生を送るための貴重な知識になると思います。後は実践あるのみです。今後ともよろしくお願いいたします」東京都　51歳　SS様

「竹末先生ありがとうございました。教えて頂いたノウハウでどうにか開店までたどりつきました。一人でやっていたらここまでできなかったと思うし、できたとしてもビジネスとしては成功が難しいと思います。チーム竹末として、これからも頑張っていきたいと思います。ありがとうございました」兵庫県　50歳　YK様

「現在、物件を検索中ですが、その条件や集客の方法など目からウロコのことばかり。安易にノウハウを知らずに始めたら必ず失敗します。物件探しは苦労しますが、必ず成功す

る自信を持って臨んでいます」大阪府　56歳　TI様

「大変お世話になりました。個別相談ができることで細かい不安な点がすぐに解消でき、とてもありがたかったです。以後も先生のブログを注視して、集客に力を入れていきたいと思います」福井県　37歳女性　RT様

「半年間、様々なノウハウや多くの知識を教えて頂き、大変勉強になりました。長時間にわたる個別相談も、モチベーション維持にとても役立ちました。おかげさまで店舗もオープンに向けて進行中ですので、近々ご報告できることを楽しみにしております。この度は本当にありがとうございました」山口県　50歳　NY様

「〇期生はもうすでにオープンされた生徒さんが多くて、未だテナントを探しているだけの私は焦りますが、一緒に勉強してきた方が頑張っている姿が間近で見られてとても心強いです。ぜひグループ店として全国に広がって頂いて、その中のメンバーに加えられたら、嬉しいです。わくわくする講座をありがとうございました」神奈川県　51歳女性　MY様

「ありがとうございました。講座のおかげで、半年間でオープンすることができました。途中この講座で聞いた知識で、この事業をよく知っている者として対応することができました。さらに2つ目、3つ目と拡大していきたいと思っています。大きな借金をして1棟ものを購入する不動産投資より、このレンタル収納へ力を入れていきたいと思っています」

東京都　53歳　MS様

「トランクルームビジネスの収益性の高さから興味を持ち、セミナーに参加させて頂きました。受講してみて、見た目だけではわからないビジネスモデルのエッセンスを学ぶことができ、良い機会を得たと思います。見様見真似でやっても、失敗する可能性が高かったと思います。オープンに向けて頑張ります」　埼玉県　55歳　NO様

「セミナーを聞くだけではなかなか身につかないと思いますが、個別相談付きのため、その都度コンサルティングを受けることができ、より身に付いたと思います。おかげさまで、物件検索開始から4か月で開業できました。今後は集客を頑張っていきます。今後ともご指導くださいますようお願いします。セミナー開催ありがとうございました」

東京都　49歳　KK様

「半年間、トランクルーム経営の貴重なノウハウをご教授頂き、ありがとうございました。ビジネスに必要な知識だけでなく、事業立ち上げに必要な優良業者の紹介も多くして頂き、大変価値のある講座でした。この講座で得たものを武器に、成功に向けて精進します。ありがとうございました。」東京都　52歳　ＫＭ様

「同じ思いを持った真剣な皆さんとともに半年間を学ぶことができ、とても刺激を受けました。この業界の先駆けである竹末先生に、惜しみなく経験と貴重なノウハウを教えて頂きました。また、卒業生や同期の方々にも、貴重な体験談、実例報告を聞かせて頂き、参考になりました。他の方々に比べ、すっかり後れを取っておりますが、頑張っていきたいと思います。」愛知県　56歳　ＫＳ様

この他にもたくさんのお声を頂いておりますが、紙面の都合により感想文の掲載はここまでにさせてください。

竹末が開講しているスクールについて説明します。

私は2011年より、トランクルーム経営の成功体験を元に全国の投資家の方にトランクルームの知識やノウハウ、スキルを指導するスクールを運営しています。スクールは、開業支援のサポートが主な業務で、このようなスクール形式のものは日本では他に見たことがありません。13年間に全国の投資家の方を営業支援し、160を超える店舗（竹末が把握している店舗のみ）が現在もオープン稼働中です。

さて、本書では私が展開しているトランクルーム経営について、頁数の許す限りその立ち上げから経営の仕方までを、詳細かつわかりやすく説明しました。またトランクルームというビジネスが他の投資と比べ利回りが高く、いかに優れているか、いかに素晴らしいかということも説明させて頂きました。

通常の本では書かれていないようなコンテンツも本書で出し惜しみせずに公開したつもりです。本書を読むことでトランクルームのすばらしさがご理解できたかなと思いますが、

いかがでしたでしょうか？　と同時に、

「わたしもトランクルームをやってみたい！」と、思われませんでしたか？

19年間の自社のトランクルーム経営体験に加えて、13年間数百人の生徒さんの個別相談をしながら、生徒さんがこうしたら躓く、失敗するということもわかってきました。こうやって着実にアドバイス力を身に付け、生徒さんを成功に導いています。「こうやればもっと儲かる」、「こうすればもっと合理化できる」というノウハウも積み重ね、実践してきました。生徒さんとの個別相談のおかげで様々な知識や経験が蓄積され、ノウハウスキルが完成されて、講義内容の一層の充実が図れるようになりました。生徒さんの失敗事例や成功事例は欠かせないものであり、失敗や成功があるからこそ、生徒さんへの私のアドバイスに反映させることができるようになったのです。おかげさまで、スクールを卒業した方のほとんどがトランクルームをオープンし、順調に経営されています。

本書を隅々まで読んでトランクルームをやってみようと思った方もおられるでしょう。見よう見まねで、自分でトランクルームを起こすこともできるかと思います。私自身も19年前は誰にも頼らずにやりきりましたが、何度も辛酸をなめながら失敗を繰り返して現在に至ります。そのような無駄な労力と時間、コストはできれば無いほうがよろしいかと思います。ここで公開しているやり方を真似したとしても、ゼロベースで一から構築するのはかなり大変かと思います。失敗による、かなりの時間と労力、そして多大なコストがかかるのは間違いありません。

たとえば、業者を探す時間や使ったときのリスク、ちょっとしたミスで集客開始が伸び空室が埋まらなかったときのタイムロス、家賃支払いのコスト負担など、考えればきりが

トランクルーム講座ウェブサイト

トランクルーム経営スクール講義

トランクルーム店舗現場視察

ないぐらいのリスクヘッジが必要となるでしょう。できる限り私のような失敗は二度と起こしてほしくありません。

現実に、さほど広くもない地方都市の私の地域で、19年間に11店舗のトランクルーム店がつぶれ雲散霧消しています。計算すると1年半に1店の割合で撤退、廃業していきました。これらライバルトランクルーム店は、事業の仕組みを作らずに外面だけ模倣し、ほぼ勘を頼りに経営をスタートして、最終的に稼働が思ったほど改善しないのでギブアップしたものとみられます。トランクルームの投資コストは、最低でも何百万とかかりますので、小さな損害ではないはずです。結局、最後まで地域で生き残ったのは私のところだけになりました。トランクルーム経営は巷の人が考える「簡単ですぐに儲かる」ビジネスではないことが理解できると思います。

他にも、業者の選定です。トランクルームの業者はそんなに多くありませんので探すのに苦労はしないかもしれませんが、私が業者とやり取りをしてわかったことですが、トランクルーム利用者のニーズを掴んでいない業者もたくさん存在します。商品を売ることばかり考えて、売りっぱなしの業者もたくさん存在します。利害関係があることはオーナーにとって不利に働く場合があり、実際にやってみてトラブルになることもしばしばありました。

それだけではありません。物件を見つけそれを料理するには、建築リフォームの知識が必要です。不動産はどれ一つとっても同じものはありません。一つ一つ顔が違い規格品はないのです。とくに老朽化した物件であれば、既存の床や壁、天井、電気、ガス、水道、排水をどのように処理するのか。また、通常の住宅や店舗のリフォームではなくトランクルームのリフォームですから、リフォーム屋さんは知見がないので専門外です。読者である素人さんが扱うのは難易度が高いと思われます。

トランクルームを成功させるための最短ルートは？

物件を探す場合でも、本書では「古くて、賃料が安い物件を探せ」と述べましたが、どのぐらいの安さなのか、坪当たり○円ぐらいのものを探せばよいのか、具体的な数字は地域によってまちまちなので、事前に明確な数字は出せません。また、市場調査でライバルのどこの部分を調査するのか、具体的なコンテンツは記載していません。集客についても インターネットが主になることはわかっていても、どんな媒体を使ってどのようなウェブサイトを作ればいいのかも、頁数の都合上詳しく記載できませんでした。書籍の限られたスペースですべて細かく記載し読者さんを満足させることは、現実的に不可能なのです。もし、そこまでのあらゆる情報を網羅しようと思ったら、この本の量の3倍から4倍の頁数が必要となってきます。

このように、トランクルームビジネスを開業しようと思い行動する際には、次から次へと疑問や問題点がわいてきます。私のスクールはそれらの問題を速攻で解決するためのものです。スクールに参加して最短距離を進んで頂きたいと思います。そして、トランクルーム経営を成功させ、あなたのビジネスの利益を最大化しましょう！

ぜひご検討ください。

トランクルーム経営ノウハウスクールについて一言

本書の「はじめに」でも記載しておりますが、「こういう方にお勧めしたい」という箇条書きの文章をもう一度ご覧ください。どれか一つ該当するような方であれば、この講座に参加する条件は十分満たされていると思います。

また、このスクールはＦＣ（フランチャイズ）を勧めるものではありません。高い加盟金やロイヤリティーを取ったり、大きな利益をのせている高額な商品（物件）を投資家に売りつけるものでもありません。

「適正な価格の商品を自分で作り、自分の力で経営しましょう！」、**「そのための知識やノウハウやスキルは竹末がすべて教えます」**というコンセプトのもと、開講しているスクールです。

通常のＦＣなどは業者からの販売手数料を大きな収益源としていますが、弊社は、一切、販売手数料は取っておりません。利害関係のない第三者的なコンサルティングを柱としており、建物建設後に良し悪しが決まる建築設計事務所のような中立公正な立ち位置です。スクールでは、他にも、以降のような痒いところに手が届くサービスをカリキュラムに加えていますので期待してください。

出口戦略は可能か？物件譲渡斡旋について

私の願いは、生徒さんにスクールで学習して頂いて、成功する知識やスキルを身に付けて頂くことです。そして、物件を見つけてトランクルームをスタートし、経営を順調に回して10年、20年と長期間継続させ、最終的に経済的な自由を勝ち得てほしい、ということが切なる想いです。

しかし、個人には個々でやむを得ない事情や理由があるでしょう。もし、何らかの理由でトランクルーム店舗を手放さなければならないときがあれば、私が物件の譲渡のお手伝いをすることも可能です。

それができる理由として、過去、トランクルーム経営セミナーに約１０００人。スクールに３５０人の方が参加されました。トランクルームに興味を持って投資案件を探しているたくさんの投資家の方を私は知っていますので、お声をお掛けください。どうしても手放したいという方のお力になれると思います。なお、譲渡の斡旋をするからといって、不動産売買業者のような仲介手数料は一切頂きません。ただし、購入者はご紹介しますが、私は交渉事に立ち合いません。双方で手続きを話し合いする必要があります。

協力会社・スペシャリストのご紹介

スクールでは、次のようなことも可能です。

トランクルームを開業成功させるためには、様々な業者さんを使っていかなければ事は成就しません。しかし、皆さんは日頃からご多忙の中、トランクルーム開業を準備するための業者さんを一から探し、その中から選択するのは大変な労力と時間とコストがかかります。自分で選別した業者さんが信頼できるところかどうかは、使ってみなければわかりません。また、相手をみて法外な請求をする輩もいるかもしれません。こういったリスクを避け、できれば不安を解消し、手間を省力化したいものです。

そこで、カリキュラムのコース内容にもよりますが、安価なコストで信頼できる提携メーカー、業者さん、その道のスペシャリストをご紹介します。19年の時間を費やしてたくさんの業者さんの中から厳選しました。これらの業者さんは私と提携した関係にあり、トランクルームに精通した信頼できる方たちばかりです。

リフォームなどの建築工事は首都圏から遠距離であるため地元でないと不可能ですが、それ以外の工事やサービスは全国でも対応できる業者さんばかりです。通常の価格より廉価ですので投資金額が大幅に減額され、工事費が圧縮できるでしょう。外注システムの紹介で各分野のスペシャリストによる説明とサポートが受けられるこのサービスは、私のスクールでなければ得られないものです。

通常のトランクルームＦＣなどは業者からの手数料を収益源としていますが、私は一切、業者から手数料は頂いておりません。なぜなら、業者からの手数料をサービスや商品の見積りにオンさせると、生徒さんへの価格が高くなるからです。また、業者との癒着関係が発生し、業者に指導する立場が弱くなって、生徒さんに迷惑をかけてしまうからです。公明正大な立場を守り、生徒さんの側に付いたスクールを目指しています。

無料プレゼント

本書は、15年間書き記したトランクルームのブログ660記事を編集したものです。ブログでは日々トランク現場のこと、トランクルーム利用者とのやり取り中の気づきや発見、そしてトランクルームを運営して得られた認知、それから、スクール生徒さんとのやり取りでの失敗や成功の気づきなど、通常では得られない貴重な情報を掲載しています。記事内容に秘匿性があるため、スクール生徒さん以外の一般の人には非公開の記事にしていました。たくさんの読者の方から情報を公開してもらえないかとお願いされましたが、大変申し訳ないのですが、アクセス減少を覚悟の上ですべて却下させて頂きました。

それを本書の読者の方には、今回特別にすべて公開することにしました。頁数の都合で掲載できなかった「より秘匿性の高いコンテンツ」を読者の皆さまにプレゼントいたします。

そのコンテンツを読んでみたいと思う方は下記ＱＲコードもしくはＵＲＬからアクセスしてください。

https://rentaru-syuunou.net/

おわりに

戦後生まれの日本人には、会社や公務員を定年退職し、退職金をもらって老後は年金のみで生活するという、お定まりのコースを夢見ている人がまだまだ多いと思われます。しかし、今や年金のみで長い老後を凌げることなど、現実的に不可能になりつつあります。昨今の円安による物価高で経済はインフレになり、年金生活者の生活は年々厳しいものになっています。

苦しい年金不足を補うため、高齢者であっても働かざるを得ません。２０２３年の統計データによると、65歳以上の高齢者の就業率は65～69歳が53・５％、70～74歳が34・５％で、いずれも過去最高を更新。75歳以上でも11・５％が就業しています。この現状をみる限り、退職後の老後生活は年金のみでは成り立たなくなっているのです。

さらに、５年ごとに行われる厚労省の年金財政検証（２０２４年）では、今から30年後の年金は２割程度下がり、次の世代、子や孫世代の老後の年金の将来予測は期待できそうもない数字となっています。

このような日本社会の現状を踏まえ、公的年金額が下がることを前提に、私たちとしても（若い人も含め）来るべき不安な将来に備えを固めなければなりません。

打開策として、退職前後までに株や債券などの資産運用や、副業などのセカンドビジネスを起こして公的年金プラスアルファを形成し、長い老後を乗り切れるだけの個人の経済的な仕組みを作ることです。

幸い、新NISA（ニーサ）が2024年1月からスタートし、資産運用が叫ばれている昨今、このムードに乗らない手はないと思います。

個人の金融資産のうち、預貯金はアメリカが11・8％、EUは35％、日本は55・5％。欧米と比較し、日本人の金融資産は低金利の生産性のない預貯金が過半となっている事実があります。

この事実を踏まえ、国も、「将来の年金額に大きな期待をしないで、年金で足らない分は、自分の頭で考え、自分の力で稼いでください」と言っているわけです。

私から言えば、国はごく当り前のことを言っているのですが、日本人は無自覚、無意識の人、依存心の強い人が多いだけに、今後は国民への啓蒙啓発がさらに必要となるでしょう。

不動産投資というと、レジデンス系のアパートやマンション、戸建て賃貸を投資としてやっておられる方がほとんどです。また、オフィス、事務所ビルなどの投資も、貸す対象は違いますが、似通ったビジネスモデルになるかと思います。

私自身も20年前からアパートや戸建て賃貸を経営しておりましたが、物件の老朽化とともにレジデンス賃貸の旨味が消えていきました。旨味が無いということは、あまり儲からない事業ではないかということです。長年経営して築古物件をお持ちの家主さんには同じ経験をした人も多いのではないかと思います。

確かに、レジデンス賃貸や事務所ビル賃貸は、定額収入が見込まれ、かつ安定的で堅実であるということは事実です。しかし、投資コストのリスクが大きすぎるということや、長期間やればやるほど、老朽化が原因で経営状況が悪化するという大きな欠点もあります。

私はこのことを十数年前に気づき、事業の拡大や継続性を疑問視してきました。そのため、より効率性が良く、差別化でき、稼げるビジネスを求めアパ・マンなどの賃貸経営に代わる事業を模索したのです。そして行き着いた先が、本書でお勧めしているレンタル収納・トランクルーム事業だったのです。

トランクルーム経営は、軌道に乗れば労力もかからず毎月定期的な収入があり、景気に左右されない安定した堅実な事業です。手間がかからないので、老後であっても80歳ぐらいまでは十分経営が可能です。また、事業として発展させたいという事業意欲の高い経営者であれば、不動産を購入せずにテナントを賃借して店舗を拡大すれば、大きく売上を伸ばし、成長させることができます。

このようにたくさんのメリットがあるトランクルーム経営は、あなたの人生の大きな転機になるかもしれません。あなたが本気でやってみようと思うなら、私たちが成功するためのお手伝いをさせて頂きます。

最後に、現在160店舗以上の店舗を、私たちの仲間が北は北海道、南は沖縄までの全国各地に展開しています。この仲間たちと手を携え、大手業者に負けることなく全国にトランクルームを普及させていきましょう。

最後までお読み頂き、本当にありがとうございました。

一級建築士　竹末治生

[著者] **竹末治生**（たけすえ はるお）

トランクルーム経営コンサルタント／一級建築士・二級建築士・宅地建物取引士／
有限会社セル企画コンサルタント代表/日本セルフストレージ協会会員

全国大学卒業設計日本建築学会賞受賞。大学卒業後、建築会社、建築設計事務所を経て、大和ハウス工業株式会社にてコンサルティング営業業務に従事。19年間に合計100億以上のアパート、マンションの企画販売をし、トップセールスとなる。希少な賃貸経営の専門家。全国の大家さんをサポートし成功事例、失敗事例を検証。マーケティングの応用による空室対策実践には定評がある。不動産経営で悩んでいる大家さんを支援するため、セミナー、相談会、執筆、メールマガジン、など日々幅広い活動をしている。10年間の講演会を受講した大家さんは延べ7000人を超える超人気セミナー。2011年より東京でトランクルーム経営のビジネススクールを開講。現在までに18期350名の研修生が卒業。自らもトランクルーム・バイク駐車場・コインパーキング等6店舗216室を経営しており、実践的な指導には定評がある。研修生の店舗と自社店舗を併せ、全国で162店舗がオープン稼働。日本のトランクルームビジネスの普及を目指し東奔西走する毎日。

著書「あなたのアパートの空室を30日で埋める方法」

トランクルーム経営の成功戦略

2025年3月27日 初版発行

著　者　竹末治生
発行人　福永成秀
発行所　株式会社カクワークス社
〒150-0031東京都渋谷区桜丘町23番17号シティコート桜丘408
電話　03(5428)8468　ファクス　050(6883)7963
ホームページ　http://kakuworks.com
DTP　スタジオエビスケ
印刷所　シナノパブリッシングプレス

ISBN978-4-907424-45-9